イノベーションのための理科少年シリーズ……❻

平賀源内に学ぶ イノベーターになる方法

出川通 *degawa toru*

言視舎

はじめに――本書の内容と想定読者

平賀源内は、日本史上でも数少ない天才です。日本のレオナルド・ダビンチと称され、時代の先駆者といわれる一方、単なるお騒がせ人間という評価もあります。そのせいか、実は理系の専門家にはあまり評価されていません。これに対し、本書では「イノベーターとしての平賀源内」という切り口で役立つ源内像を提案したいと思います。

本書はいわゆる源内の伝記本でも学術研究書でもありません。本の題名のごとくイノベーターとしての源内の軌跡を振り返り、江戸時代の知恵を現代に置きなおし、生かすことを考えてみる本です。そこで見えてくるものは、現代の日本で必要とされる資質、発想法、考え方、行動指針などでしょう。源内に学ぶことは、まさにイノベーションの源泉となる指針です。

源内の異なった2つの肖像画を示してみました（図0―1）。見方によっては一方は文系、もう一つは理系のようなイメージです。源内はどちらの領域でもイノベーターたる活躍をしていますが、本書では、理系イノベーターとしての源内に注目していきます。というのも、本書は理系人間の活性化と活躍を第一の意図とし、読者としても想定しているからです。

筆者は企業向けのイノベーションのコンサルティングを行なったり、技術者や理系の学生を相手に技術のマネジメントを教えている元技術者です。たまたま仕事の関係で平賀源内の地元、香川で彼のユニークな業績と人生に出会って5年たちました。その間、源内の人生を振り返り、トレースしました。また彼の理系としての行跡を日本各地に訪れることで元気をもらい、イノベーションの知恵と夢ももらいました。

本書により、理系イノベーター源内の視点を皆様が（再）発見し楽しむとともに、その人生モデルを大いに活用してくださることを期待しています。

出川　通

2012年8月

図0—1　二つの異なった源内の肖像画（出典 : 平賀源内全集）

目次

プロローグ　イノベーター源内の軌跡

▼本書全体の構成と読み方

まずはプロローグとして、本書での平賀源内の生涯の軌跡をキャリア・モデルとしてざっと紹介してみました。第1章ではイノベーターとしての源内を設定するにあたって、イノベーションとのかかわりやその条件を抽出・想定してみました。本書全体の構成スキームを示したものを図0―2に示しています。

イノベーターの条件を5つにまとめたのが第2章から第6章です。第2章の理科少年マインドから始まり、第3章では科学者・研究者としての源内、第4章では技術者・開発者としての源内、第5章の起業家・事業家としての源内、第6章のシナリオライターとしての源内を検証します。

第7章では源内のイノベーターぶりに学ぶことで、自立・自律が新商品開発にどのように役立つ

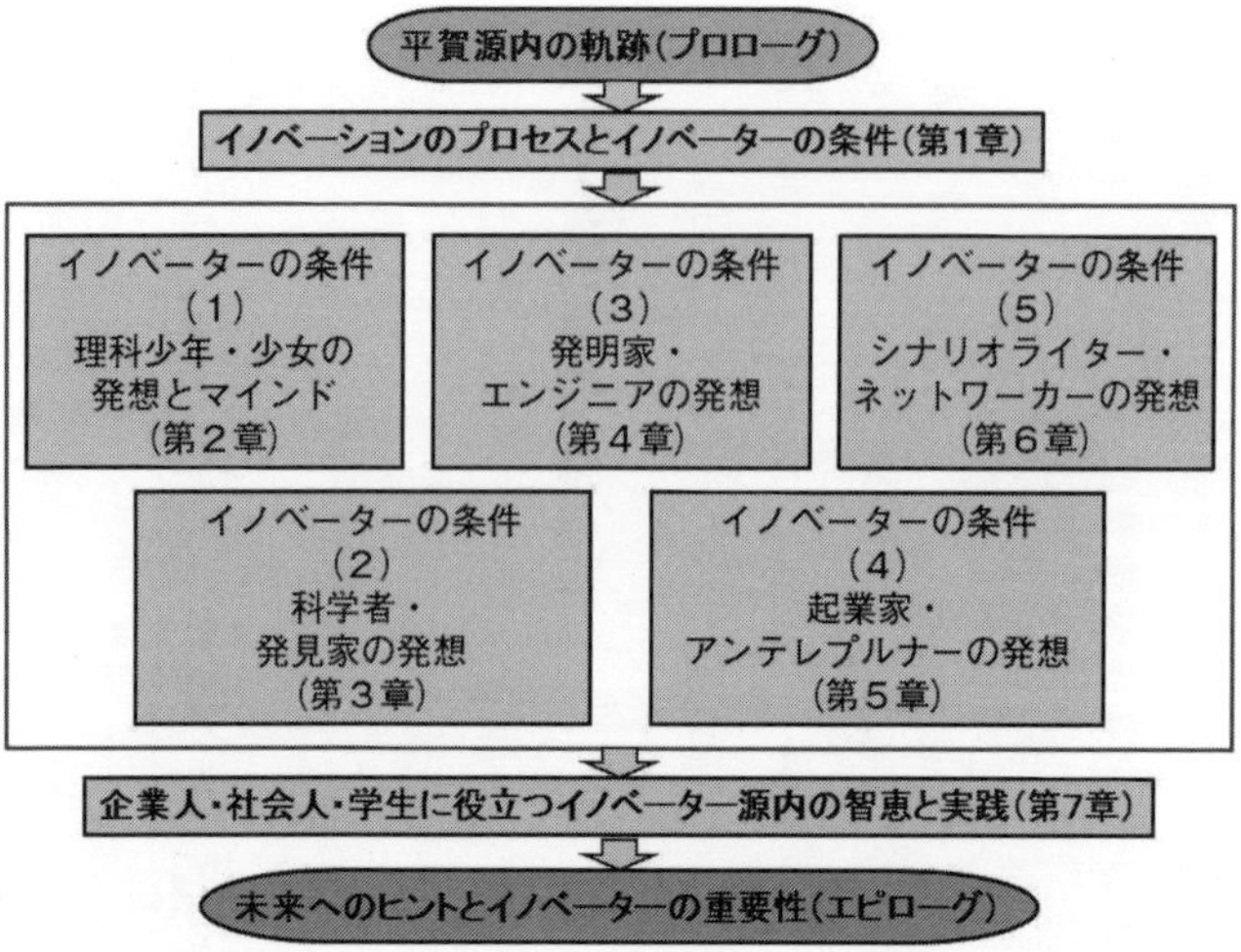

図０―２　本書全体の構成スキームと各章の役割の流れ

かを検討しています。エピローグでは源内の考え方や行動が、未来の日本社会、会社、個人にいかに参考になるかをまとめてみました。

本書は源内の考え方や生涯を評論するのではなく、彼の生き方や仕事ぶりを現代に生きる我々に役立てることを大きな眼目にしています。

▼イノベーター平賀源内の軌跡

1700年代、鎖国の江戸中期の日本において、藩などの枠組みを超えて圧倒的な存在感を持ち活躍した人物が平賀源内です。

まずは行動する蘭学者として西洋の文化、技術を紹介したといわれます。当時としてはまったくの新風（洋風）の陶器（焼物）を作成したり、油絵も手がけました。一方では科学技術者として多くの発見、発明をなし、鉱山を開発したり、西洋の最新の技術・文化をヒントにした奇妙《きみょう》奇天烈《きてれつ》ともいえる発明や各種の起業も試みています。また、文学者として戯作の開祖となり当時のヒット作を多数生み、浄瑠璃作家としても多くの作品を残しています。

このように多様な分野で多彩・多才な活躍をしたのが源内です。

源内は思い浮かんだアイデアを次から次へと実行に移します。その結果、連鎖が連鎖を生み、次々と新しい開発案件に携わります。さらに独立して自由に事業をスタートさせては、自分のできる範囲まで次々と事業を立ち上げます。そのあとはそれを誰かに任せ、自分は次の案件に取り組むという、今からいうとイノベーター的な仕事のやり方を実行しています。

年譜をもとに、源内のキャリアを年代別にたどりながら、まずは彼のイノベーターとしての一生を振り返ってみましょう。もちろん平賀源内について詳しい方は、ここを飛ばして読んでいただいてもかまいません。

▼技術者のキャリア・モデル

源内は、それぞれの段階（PH：フェーズ）で何を学び成し遂げたのでしょうか。今のことばでいうキャリアデベロップメント（展開）の面から整理してみると、現代に通じるイノベーター人生の一つのパターンが浮かんできます。

一つのことを徹底的に深く行なうという学者や技術者のスタイルではなくて、イノベーターの仕事のスタイルは、それが何の役に立つか、世の中でどのように受け入れられるかということを念頭において、いろいろと試すのです。これを源内の履歴をベースに、PH（フェーズ）―1～PH―5として考えてみましょう。

生涯のキャリアの流れを図0―3にまとめてみました。イノベーターとしての準備期間は前半2つのフェーズで、独立してからイノベーターとして真価が発揮されるのですが、それまでは技術者、職人、発明家、発見家の段階ともいえましょう。

▼PH―1　成長準備期（誕生‐23歳まで）

1728（享保13）年、平賀源内は讃岐国寒川郡志度浦（現在の香川県さぬき市志度）で、高松藩の足軽身分という下級武士の長男として生まれます。小さい頃には掛け軸に細工をして「お神酒天神（おみきてんじん）」を作成し、才能を発揮していました。

その評判をもとに源内は高松藩の藩医や漢学者、儒学者、製陶家など一流の先生につき、「本草学（＝博物学者）」などを学びます。父の死により後役としてお蔵番を継承しながらも、俳諧グループに属したりして多才な活動の基礎を築き、藩主にも目をかけられます。

▼PH―2　開花期：長崎における海外見聞からの展開（24‐32歳）

	源内の所属・状況	源内のキャリアアップ履歴
PH－1 （誕生－23歳）	高松藩の下級武士の長男として、父親のお蔵番を継承	高松藩の藩医や漢学者、製陶家など一流の人に学ぶ。本草学が主流であるが、俳諧グループに属したりして多才な基礎を築き、藩主にも目をかけられる
PH－2 （24－32歳）	お蔵番を妹婿に譲り、高松藩に属しながら、長崎、江戸と大きく飛躍	長崎への1年間の留学・派遣生として、西洋の近代科学技術に触れる。帰藩後は藩の薬草園の管理、西洋の機器を試作する。その後江戸遊学、二回目の長崎修行や日本で最初の博覧会を開催
PH－3 （33－40歳）	藩から自由になり、幕府、他藩とも連携しながら各種分野へも横展開	藩を辞職して、独立。幕府の芒硝御用やアルバイトを多くこなしながら、大型の博覧会を主催し、その成果を書籍として完成。新しい事業のネタを探して各種の事業化のスタートを行なう
PH－4 （41—52歳）	40歳までの技術、ネットワークなどの集積を生かした大型の挑戦の実践途中で、52歳で没	秩父で本格的な鉄製錬事業開始、炭焼きを事業化。関西、秋田で鉱山開発のコンサルタントなど実施。エレキテルを完成させ興業化に成功
（死後伝説） PH－5？ （53－80？歳）	（生き延びたという伝説のもとでは相模地方で隠遁生活し長寿を全うしたとも）	（田沼意次、杉田玄白などの庇護のもと、隠遁生活、地元に対して各種技術指導などを実施したとも伝えられる）

図0—3　平賀源内の生涯とキャリア・ステージ

1752（宝暦2）年に地元名士の久保桑閑に伴われて1年間長崎へ遊学し、本草学とオランダ語、医学、油絵などを学びます。この時に初めて世界情勢、西欧の科学技術、日本の海外貿易の実態などを目の当たりにします。

長崎遊学からの帰路、鞆之津（現在の広島県福山市鞆）付近で良質の陶土を発見し、その地で陶器製造を勧め、製造法を指導しました。留学の後には藩の役目を辞し、妹に婿養子を迎えさせて家督を放棄します。しかしその知識と技術を藩主・松平頼恭公に評価され、高松藩の薬坊主並・三人扶持に昇格。栗林公園内の薬草園で、朝鮮人参の栽培に成功したり、長崎遊学で得た知識をもとに、「量程器」（現在の万歩計）と、「磁針器」（現在の羅針盤）を独力で制作します。

1756（宝暦6）年、江戸に出て本草学の第一人者、田村元雄（藍水）に弟子入りし、植物を主にした漢方医学の「本草学」を学び、漢学を習得、聖堂に寄宿します。1757年（30歳）日本初の薬品会を江戸湯島にて開催します。

高松藩主・松平頼恭公の命を受けて、京都に随行し、相模湾での貝類の調査、紀伊半島での物産の調査、藩領内での本草の調査などに従事します。大坂、京都で学び、さらに1759年（32歳）2回目の長崎遊学と往復道中では、鉱山の採掘や精錬の技術取得・指導をします。

藩主のお気に入りではあったのですが、自由度が減ってきたり、藩内の妬みなどを買い、再度、辞職願を出し、条件付きで受理されます。

▼ＰＨ―３　独立――飛翔期（33‐39歳）

高松藩を正式に辞職し、藩から自由になり、源内が飛躍し始めた時期となります。一方では自立のため幕府、他藩とも連携しながら各種分野への横展開を行なったり、自らなんでもこなします。幕府の芒硝御用として伊豆で芒硝（硝石）の採集に従事しながら、国内外の物産研究に役立つ『禽獣譜』『生植本草』『貝譜』『紅毛花譜』などのオランダの本を独自に入手し、また文芸作品の著作などにも手を染め始めます。

１７６２（宝暦12）年には物産会として第5回となる「東都薬品会」を江戸の湯島にて開催します。その物品の募集を効率的かつ確実にするために、全国各地に出品物の取次所を設けて〝宅配便〟のようなシステムをつくり日本で最初となる本格的な博覧会は大成功をおさめます。江戸においては知名度も上がり、秩父などで新しい事業のネタを探して各種の〝事業化〟もスタートします。

▼ＰＨ―４　事業家志向拡大期（40‐52歳）

事業意欲が出てきて、実用から事業へ挑戦しています。これまでの技術、ネットワークを生かした大型の事業への挑戦と実践を行ないます。１７６６年の金山再開発にはじまり、秋田藩に招かれて鉱山開発の指導を行なうと共に、秋田藩士小田野直武に蘭画の技法を伝えています。１７７３年には（46歳）秩父で本格的な鉄製錬事業を開始、１７７５年には炭焼きを〝事業化〟しました。

現在でも奥秩父の中津川峡付近には、源内が設計し逗留した建物が「源内居」として残っています。1776年（49歳）にはエレキテル（静電気発生機）を復元、菅原（源内）櫛を商品化、エレキテル興業で見物料を稼ぎます。また各種の文芸作品も上梓します。

1779年の夜、誤解による自宅での口論で2人を殺傷し、投獄収監されます。1カ月後獄死、享年52。杉田玄白らの手により葬儀が執り行なわれました。

PH─5？　伝説時代──隠遁の平賀源内があったとの庶民伝説が存在（53‐80？歳）

相模地方で隠遁生活し、長寿を全うしたとも伝えられます。田沼意次、杉田玄白などの庇護のもと、地元に対して各種技術指導などを実施したといわれるものです。

▼ユニークで皆に好かれるのに、なぜか理系には評価されない源内

源内は「エレキテル」で知られるように江戸の科学者人気番付でも常に杉田玄白と並んで上位の常連でもあり、TV番組でもよく取り上げられるほどの人気もあります。また、たとえば土用丑《どようのうし》の日のうなぎ、初詣でいただく破魔矢《はまや》も源内の仕事といわれています。彼の周りには、後には有名となり歴史に残るそうそうたる人々が集まる一方、無名の庶民も多く集まってきた人気者でした。

しかしながら人気はあっても、理系として科学、技術、事業の視点でみた平賀源内は、〝中途半端なマルチ人間〟としてあまり評価されていないのも事実です。

いわゆる教育関係の研究者、技術者、実業関係の人からは、コピー技術者、失敗の事業家、脱サラ失敗者ともいわれます。また悪口だけを拾うといきあたりばったりの無計画者、失敗ベンチャー、単なる興業・見世物師、孤独なオタク職人、無学者のハグレもの、などの散々な言われようです。その中には悪口としかいいようのない表現も溢れています（本書では「コラム」でそれぞれに反論し、説明を入れてみました）。

地元高松では、年配の多くの方は今でも親しみを込めて「源内先生」と呼ぶ方もたくさんいらっしゃいます。しかし筆者が香川大学での学生アンケートをしてもその印象はピンからキリまで拡散し、源内の実像はあまり知られていないのが実際です。はたして今の時代にそういう源内評価と紹介でよいのだろうか、という思いも本書の執筆の動機になっています。

▼多彩ぶりがマイナス評価に

また本書では扱いませんが、源内には作家や芸術家としての作品も多いことも、理系や事業家に色眼鏡で見られてしまうことにも通じているようです。

日本には「一所懸命」を高く評価し、いろいろなことに手を出す姿勢を疑問視する傾向がありました。いろいろなことをやっていると、「そんなことはやらず、あることに集中したら、もっとすごいことができるはずなのに」という発想ですね。それが、「源内はあれこれやらずに、ひとつに集中すれば尊敬できたのに」という失望感につながっているのかと思います。それだけでなく、悪評判には、当時の成果を現在の物差しで評価するというアンフェアな面すら見られるのです。

1700年代の（西洋の産業革命前の）江戸時代、学者の分類には、本草学者、蘭学者、漢学者などがあった程度です。これは西洋でも事情は同様で、いまどきの分類である「科学者」と「技術者」の違い、化学と物理の違い、ましてや機械、電気、化学などの違いが区分けされているわけではありませんでした。

それを現代の視点から、「科学者としては中途半端」「技術者として西洋の壊れたものを直しただけ」「データの解析が足らない」「システム思考がない」などと評するのは、どう考えてもちょっと違うのではないか、というのが筆者の正直な思いです。筆者は、彼の才能が当時において、多方面に光り広がることを虚心に認めたいと考えています。

コラム① 源内の一生を俯瞰できる成書3種類とは

平賀源内の全生涯をみるにはどうしたらよいでしょうか。もちろん小説のたぐいは多く出版されており、それなりに楽しめます。しかしここでは物語ではなく、できるだけ史実にもとづいたフェアで評伝的な成書を古い順に3冊紹介します。もちろんそれぞれの時代によっていろいろな見方がありますが、筆者もこれらの本は何回も読み直して本書の参考にさせていただきました。
（1）城福勇著『人物叢書　新装版　平賀源内』日本歴史学会編集　吉川弘文館、1972年8月10日
（2）塚谷晃弘、益井邦夫著『日本人の行動と思想28　平賀源内―その行動と思想―』評論社、1979年2月10日
（3）芳賀徹著『朝日選書379　平賀源内』朝日新聞社、1989年6月20日

図0―4
平賀源内の生涯を
俯瞰できる成書３冊

コラム②　科学技術的業績を中心に述べた成書3種類とは

科学者・発明家「平賀源内」といわれているにもかかわらず、平賀源内の科学・技術的業績

に正面から向き合ってまとめた本は意外と少ないことに気がつきます。

順番でいうと一つは1980年代に書かれたロケット博士で著名な糸川英夫氏の本、2000年代に弁理士で科学史家の奥村正二氏の本、さらに本草学者としての源内に正面から取り組んだ土井康弘氏の本です。実はこの3冊の本では、源内の評価は大きく分かれています。

糸川博士の本では、源内の才能に大きく期待していますが、(それゆえに)業績と評価には科学者、技術者、事業家のそれぞれの側面でかなり厳しい批判的見方がなされています。奥村氏の本では源内を技術者と考えて、その時代の技術内容レベルと淡々と比較しています。源内の足跡に自らも足で稼いだわかりやすい本です。土井氏の本では、本草学者としての源内の業績を丹念に集めて客観的に評価しようとしています。いずれの書でも少々残念なのは、源内の人生を不本意な一生と考える面が色濃く出ていることです。

(4)糸川英夫著『しごとが面白くなる平賀源内』ダイヤモンド社、1988年

(5)奥村正二著『平賀源内を歩く―江戸の科学を訪ねて』岩波書店、2003年

(6)土井康弘著『本草学者　平賀源内』講談社、2008年

図0—5
平賀源内の科学技術的業績を中心に述べた成書3冊

▼イノベーターとして源内を評価するとすべて氷解!?

本書は、イノベーターという視点で源内について述べています。そうすると、源内の残したきわめてインパクトの大きい未来への実績が見えてきます。まさに源内は精一杯、トライし満足したイノベーター人生であったといえます。ここが従来の本と大きく異なっている点かもしれません。

それでは、源内の成果をどのように考えていくのかという尺度ですが「イノベーター」という切り口は源内の生涯の評価に対する一つの答えになると考えています。

イノベーターは、いろいろな企業や組織の中で新しいことを試みる人たちです。この存在には、失敗はつきものであることを前提にして評価することが大切だと考えます。それはいまの時代でも江戸時代でも変わりません。世の中にない新しいことを次々と切り開いてきたイノベーターを評価する場合、仕事の一部だけをみて駄目だという見方はとらないのが本書です。

だんだん明らかになっていきますが、実はいろいろとやる、失敗しながら次々と試すことができることこそイノベーターの条件に適うのです。やりっぱなしはもちろんダメですが、いろいろとスタートさせることに新しい価値があるのです。ここをきっちりと評価することが当時だけでなく現在の日本でも必要でしょうね。

それでは次の章から、平賀源内の理系の人生を一緒に追いかけながら、現代のイノベーションへの具体的なヒントを見つけていきましょう。源内の一生はヒントがいっぱい詰まったまさに宝箱となります。

第1章 イノベーションのプロセスと源内
――イノベーターの条件とは

イノベーションとイノベーター、そして平賀源内はいったいどのような関係があるのでしょうか？　本章ではこのあたりを検討してみます。

▼イノベーションとイノベーターの定義

イノベーション自体はかつて「技術革新」とも訳されていましたが、今では「技術革新の結果、世の中に役立つこと」という意味に拡大されています。ここでは技術を広い意味で捉えて、それらの発明、発見、組み合わせなどにより、さまざまな新しいことを創りだすこと、またそれが社会に役立つことまでを含めて考えていきます。そしてイノベーションを起こすきっかけを創る人を、ここでは「イノベーター」と定義しましょう。

今の日本には「イノベーション」が必要である、とよくいわれます。その内容や実施の仕方（プ

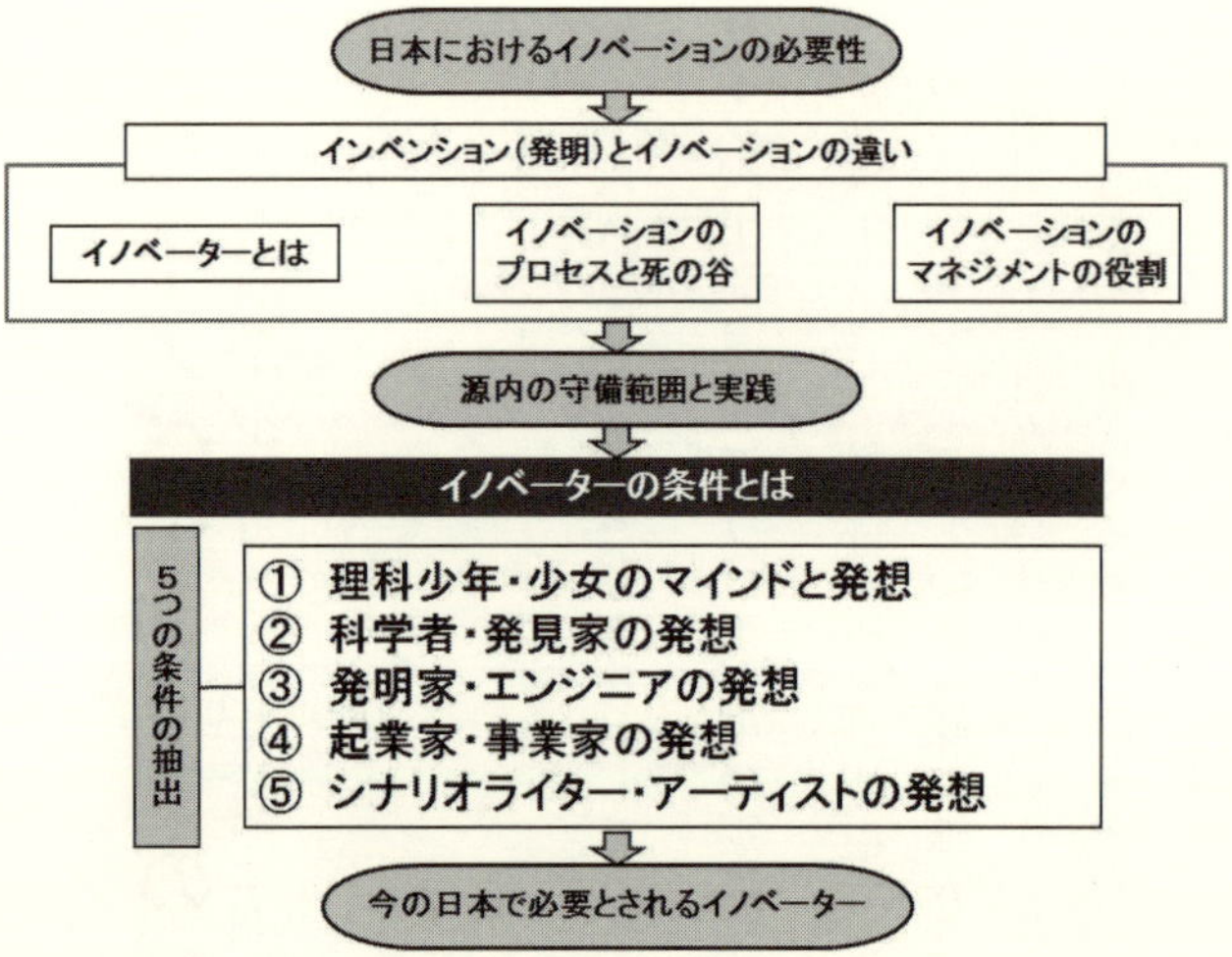

図1—1　イノベーターの条件：第1章のスキーム

ロセス）はかなりわかってきました。それはイノベーションのマネジメント（いわゆるMOT、マネジメント・オブ・テクノロジー）手法で、日本語では技術経営とも呼ばれています。

しかし、その中で最大の課題は、それを実行する人＝イノベーターの存在です。いわゆる起業家精神を持つ人、アントレプルナーとも呼ばれます。もちろん精神だけでなくいろいろなものが積み重なって成り立つのですが、わかりやすいモデルがなかなか見つからないのです。

平賀源内の考え方や実践が、いまの世のなかで必要とされているイノベーターの生き方ときわめて近いことに筆者は気づきました。イノベーターの条件について改めて考えてみると、つながりがいくつも見えてきました。いわゆる〝素晴らしいイノベーター源内〟の発見です。

本章では、源内をイノベーターと呼ぶ理由を整理し、それぞれの条件を抽出していくことにしましょう（図1—1に本章のスキームを整理しています）。

▼インベンション（発明）とイノベーションの違い

ここで、インベンション（発明）とイノベーションとの違いについて考えましょう。この二つをよく混同する人がいまだにいるからです。インベンションを実行するのは昔から発明家（インベンター）ということで、ここで取り上げるイノベーターとは違うのです。

発明家は独創的に新しいものを発見、発明する人たちで、ひとつのことを深く極める人たちです。もちろん、これらの人は重要な人たちで、この人たちを評価する風土が古来から日本にもあります。

一方、イノベーションは前述のように発明のことだけではありません。技術分野も含む革新的な方法によって、広く社会的に価値を創り影響を与えるものです。イノベーターに技術知識の蓄積は必要ですが、単なる知識偏重、論理分析主義のみでは駄目で、世の中のニーズに合致する多数の人々の「知恵」と「意識」が必要なのです。

これが、イノベーションは単なる学者や知識人の分析的方法論だけからは導かれないと言われている理由です。また複数の人たちが、一緒になってすすめるので、マネジメントの必要性があるという特徴もあります。

現代マーケティング理論における「イノベーター」

もともとイノベーターとは、「革新的採用者」などと呼ばれるマーケティングに関する用語としても使われた言葉です。新たな商品やサービス、ライフスタイルなどを、最も早い段階で受け入れる人々のことです。イノベーターは事業先駆者ともいわれます。

マーケティング分野におけるイノベーターの比率は統計的にわかっていて、市場全体の2・5％といわれます。マーケティング理論においては新しい商品やサービスが広く受け入れられるかどうかは、まずはイノベーター、そして次に早く行動するアーリーアドプター（初期採用者、13・5％の割合を占めています）の判断によって左右されるとされています。

いずれにせよ、マーケットではイノベーターがいなくては始まらず、大きな市場の層には到達できません。本書でもその趣旨は継承しながら、ここではイノベーターはマーケットだけでなくイノベーションを率先して（主体的に）起こす人（トリガー）というふうに考えています。別の言葉で表現を探すと「起業家精神を実現する突破人」といったところでしょうか。

▼イノベーションのプロセスと死の谷

今の日本には、従来の発想を超えた新しい取り組みが必要になっていることはいうまでもありません。その新しい取り組みというのが、企業での経営改革と新商品・新事業であり、個人ベースでの意識改革です。また国ベースでも大幅な行政改革などのイノベーションであり、これを試行錯誤的に行なっていくプロセスとなります。今、日本中がこのプロセスを実行しようと苦しんでいるのですが、なかなか頭が切り替わらないのも事実です。

現実のイノベーションのプロセスについて、企業での新商品開発を例にして少し細かく位置づけを考えてみましょう。単に新しい技術があっても、商品にはなりませんし、事業にもならないのです。新しいことをすると、失敗もたくさんして批判されます。いや、ほとんどが失敗だといってよいでしょう。しかし失敗しない人が新しいことなどできないのです。イノベーションには多くの失敗が必要とされている所以です。

ひょっとすると「失敗する源内」を理解できない人には、イノベーションは起こせないのではないか、そんな気がしています。何やら源内に対する擁護論となってきたようです。このことについてもう少し解説します。

イノベーションを推進するためのステージ分析

イノベーションのプロセスを考える場合に、前述したMOTの体系では基本ステージとして①研究、②開発、③事業化、④産業化という4つのステージがあると整理しています。この部分の解説は我々が源内の活躍を活用するための基礎になりますので、すこし我慢しておつきあいください。

実際にイノベーションのプロセスの中で注目すべきは、各ステージの間に障壁があることです。それぞれの間に横たわる「魔の川」「死の谷」「ダーウインの海」という障壁をイメージして時系列

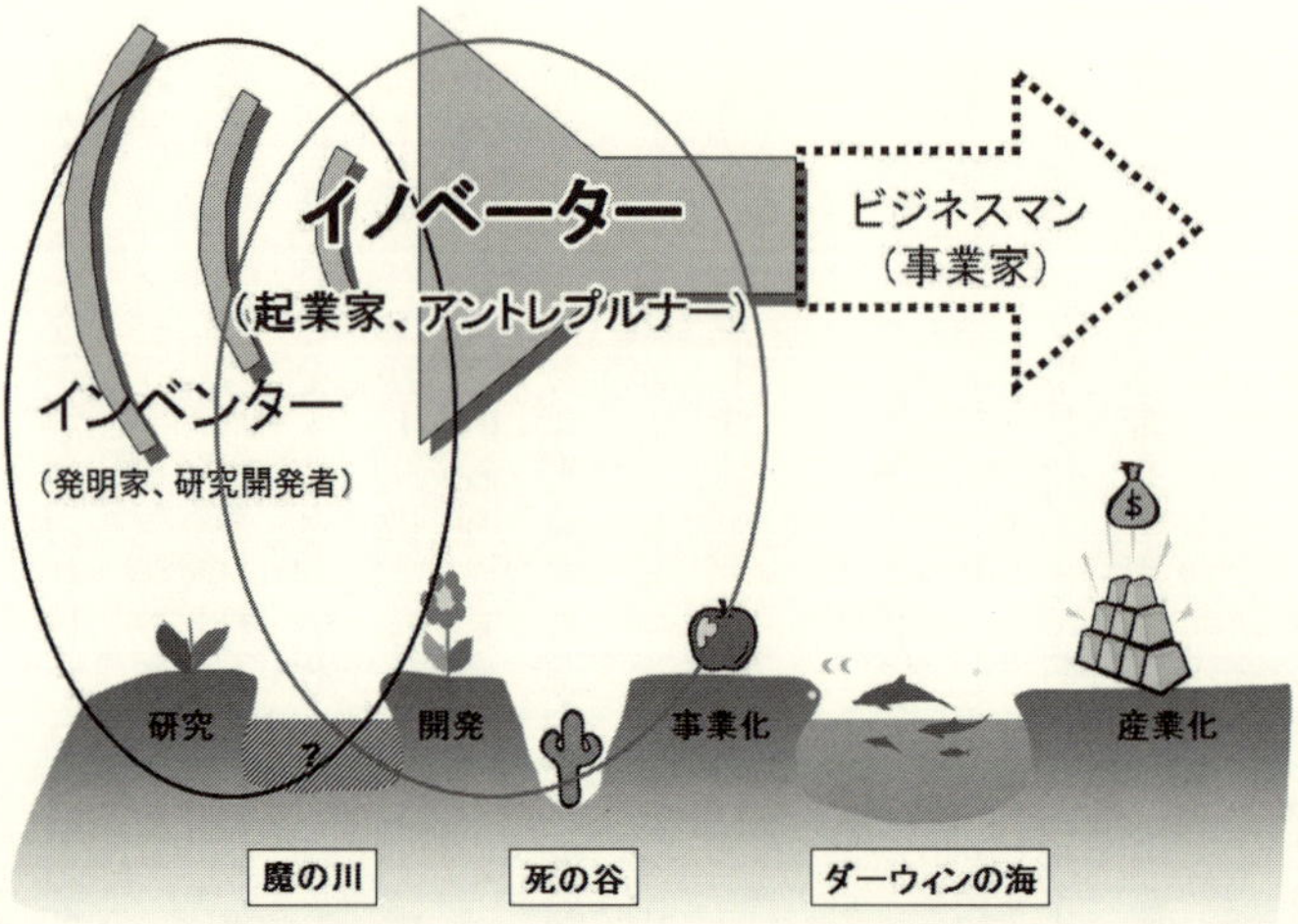

図1―2　イノベーションのプロセスとイノベーターの役割イメージ

的に考えるといろいろなことが見えてきます。これらの全体のイメージをまとめて図1―2に示しました。

この図では、イノベーションとインベンションの範囲も示してあります。この段階ではイノベーションには、①研究、②開発、③事業化の3つのステージが絡んでいることを理解していただければOKです。もちろん、どのステージも重要なものですが、イノベーターとは何かという視点がずれていては認識の齟齬が生じるので一応頭にいれていただくとあとがわかりやすくなります。

さて、源内の実際のそれぞれのステージでの行動はどのようなものだったでしょうか？　それらをこれから検証していきましょう。

「死の谷」の障壁を超える

死の谷を越えることが、イノベーション実現のキーとなり、その時のパイオニアがイノベーターということになります。この最大の障壁（死の谷）を越える人とは、単なる評論家ではだめで、実際に失敗にめげず試行錯誤を繰り返すことができる人です。またいきなりここだけを行なうのではなく、この前後の研究や開発ステージの実際的な知識と知恵をもって助走し、実行する人が必要になります。

これまでの膨大なイノベーション研究によって、それぞれの障壁を超えることについてはマネジメント上の体系化がされ、ポイントがわかってきてます。特に「死の谷」を超えるための内容を、大胆に整理して言い換えると以下のようになります。

「死の谷」を超える前の開発ステージは「製品開発」のことが多いのですが、これを超えて次の事業化に行くためには「商品開発」が必要であり、そのためには顧客対応が必要なのです。営業、製造を含めたプロジェクトとして、顧客対応を明確にしていくことになります。源内の行動についても、この視点でみていただくと学ぶところが多く、かつわかりやすくなります。

▼イノベーションのマネジメントの役割

イノベーターのお手本となる〝代表選手〟を日本の中で探すと、いまさらながら江戸時代に活躍した平賀源内につながっていきます。源内は単なる技術者や科学者ではなく、事業家や経営者でもない、イノベーターの意識とマインドをもち、行動実践ができるリーダー的人材だったのということができます。

イノベーションでは、マネジメントが大切ですが、これもなかなか簡単でないのも事実です。その原因は、イノベーションには（不確定な）未来に対する挑戦的なことが多々含まれているので、一方的な指示・命令だけでは皆が動かないということにあります。

それぞれの個人が目標（ビジョン、ターゲット）と行き方（ロードマップ）を共有化することが必要です。そのうえで、自立・自律して考えていく（知恵を出していく）ことがベースになったとき、初めて仲間も動き出します。最大のポイントはこのようなイノベーションを起こすドライバー、未来的視点の実践的リーダーすなわちイノベーター人材が必要とされながら不足していることに理由があるのです。

ビジョン、マネジメントの重要性と源内

イノベーションという概念でいえば、そのプロセスは仮説構築と検証、試行錯誤による再構築と実行というふうに展開していくことです。仮説といっても、未来のビジョンとロードマップをつくり実行することが前提となります。

これを平賀源内に当てはめて考えてみましょう。

（1）ビジョン：日本の金銀の流出を防ぐ、西洋からの輸入品は日本の産出品、作成品で代替できる（日本の資源、物産の最大活用、ほとんどのものは日本人が作ることができる）。

（2）ロードマップ：日本の産業資産は、「本草学」の3つの分野、植物（薬草、草木、食用）、動物（薬

物、労働用、食用）、鉱物（薬品、金属原料、宝石）で西洋の製品を参考にして対応可能。

（3）実行力と執念：人を動かす力としてプロジェクト企画、マネジメント力、プロデュース力など（自分で作り上げることに皆を巻き込み情熱をあげる力）。

▼源内のステージごとの活動事例と知恵

イノベーション実現のためのプロセス、すなわち①研究②開発③事業化④産業化という4つのステージを見ていくと、それぞれのステージでの源内の活動範囲が明確になってきます。これまでの源内の理系的な仕事（科学者、研究者、開発者、技術者、起業家、事業家、実業家、企業経営者など）に関する評論の多くは、これらのステージを無視し、イノベーターとしての立場も理解せず、「トンデモ科学者」「実績のない事業家」などと称することが多かったように思います。

源内評の混乱の原因の一つは、ここにあると思われます。すなわち「研究ステージ」だけで自己完結する科学者をイメージしていると、源内はとんでもない活動をしているように見えてしまうことでしょう。また同様に「事業化ステージ」だけを見て「事業に集中せずに放りなげる」という批判は的外れです。源内の存在・活動はそれぞれのステージをハミ出しているわけです。

このような視点の混乱を整理していくと、全体のステージを横断的に活躍している平賀源内の姿が浮かび上がってきます。そこに、われわれが学び、活用が可能なことがあります。さらに彼の生涯を通して、現代に必要とされる生きざま、成果などが見えてくるでしょう。

以下にそれぞれのステージにおける源内について少し考察してみましょう。

「研究ステージ」中心でみた源内

このステージで活躍する人材は科学者、研究者、発見家といわれる人々です。源内は高松藩の先人からの学び、長崎でのオランダ人や西洋のいろいろな人との交流、江戸での師匠や友人からの学びなどによって、このステージに立ちます。

実際の発見家と学者としての源内の仕事は、各種薬草の発見、鉱石、たとえば亜鉛鉱や芒硝の日本での発見など、また本草学者としての物品博覧会の開催とその目録の作成など多数の成果が挙げられます（詳細は第3章で述べていきます）。

「開発ステージ」中心でみた源内

技術者、開発者、発明家が活躍するのがこの開発ステージです。源内のこのステージでの記録については各年代を通してたくさんあります。たとえばいろいろな測定器具などの試作がここになります。このベース（シーズ）は長崎で見た西洋物が原点でしょうが、日本にそれまで存在しないものを実際に造ったり、修復したり、復元するのも本ステージです。

もう少し、説明しましょう。もともとの部品が全て揃って存在し、それを単にはめこむのは組み立て作業ですが、部品から自分で工夫して、結果としてその性能を出現させる行為は開発そのものなのです。源内の事例としては、「量程器」と呼ばれる万歩計のような測量機、「磁針計」、「寒暖計」などが代表です。火浣布（かかんぷ）や朝鮮人参栽培もここの開発にはいるでしょう（詳細は第4章で述べていきます）。

「事業化ステージ」中心でみた源内

開発しただけでなく、それらの品物（製品）を世の中に役立ち流通するという商品にしていくところが、事業化ステージのキモです。

起業家、事業の初期としての源内の記録については、途中で挫折したものも含めて多くの知恵と実践が詰まっていると考えていいでしょう。起業家はすべて成功するはずもなく、むしろ失敗を積み重ねることで成功していくものです。もちろん本格的な事業展開はここでは含まれませんし、イノベーターの役割も通常はここまでです。

平賀源内の実績として全部が「死の谷」を越せるはずもないのです。実際に産業化といわれる事業に成功するのは、企業でも技術と生産とマーケットが一致したときだけです。源内の場合にはまさにイノベーションのネタつくりとその試行錯誤そのものが成果になってくるのです。

さまざまなトライアルは、江戸時代における試行錯誤ケースとなります。具体的な内容は、たとえば秩父における鉄山開発事業、金山の事業から始まって鉄山開発、源内焼、静電気発生装置エレキテルの改良（機械学・電気学の萌芽）とそれを使った興業、大型風船（熱気球）、毛織物製造、

技術者としての成果	イノベーターとしての成果
・量程器	・源内焼
・磁針計	・金唐革紙
・寒暖計	・源内櫛
・静電気発生装置エレキテルの復元改良	・朝鮮人参栽培
・竹トンボの発明者、史上初のプロペラ	・静電気発生装置エレキテルの興業化
・亜鉛鉱発見	・火浣布
・芒硝の日本での発見	・毛織物製造
・源内凧（相模凧）	・金山事業
・大型風船（熱気球）	・鉄山開発事業
・ライター	・炭開発事業
・金銀製錬（技術指導）	

図1—3　イノベーションの役割の分類でみた平賀源内の仕事例

炭開発流通事業、金唐革紙、源内櫛などです。源内の仕事でなければこのような記録さえ残っていないでしょう（詳細は第5章で述べていきます）。

「産業化ステージ」について

通常、イノベーターの役割としては、ここまでのステージまでは要求されません。産業化のステージ（段階）にくると、企業のビジネスのステージとなります。事業の拡大のマネジメントは「通常の事業経営」の範囲となります。

もちろん産業化のステージはそれなりに大変なのですが、新たに事業を立ち上げる（いわゆる起業をする）ことに比べると、いわゆる定常的な売上がある場合が多いので、いわゆる起業的な（急激に資金がなくなるなかで、新しい顧客を見つけ、技術を完成させなければならない）マネジメントとは異なっているといえます。

平賀源内の場合は、このレベルまで来たものはほとんどないといっていいでしょう。もし成功していたら、いわゆる平賀物産とか源内商事、平賀電機、源内製造所などが残っているでしょうし、それはそれで楽しいのですが、そこは我慢しましょう。すなわちイノベーターの範疇からはみ出してしまいます。

源内の実績の一部を事業化へのステージに割り振って、技術者とイノベーターとしての成果をまとめて分類したものが、図1―3になります。これだけ見てもすごいですよね。

源内の仕事内容は一見、技術者としての源内、起業家・企業家としての源内、その他の成果としてシナリオ・ライターとしての源内のように多岐に及びますが、これらは全部がイノベーターの一面でもあります。

▼イノベーターの条件とは――その条件の抽出

ここでイノベーターの条件について、要求される資質を改めて検討していきましょう。すでに述べてきたように源内には①発見家、②発明家、③起業家という3つの範疇があると考えられます。本書では加えてイノベーションを実践するための基本的な資質や能力として、小さい時の④「理科少年・少女」というカテゴリーもいれてみましょう。さらに、⑤未来のシナリオを創る能力を加えて、全部で5つの条件として再構成をしました。

◆条件1　基本的な資質・性格：冒険心、挑戦心、好奇心――理科少年・少女の力
理科少年としての素直な気持ち（わくわく、どきどき）を持つこと。未知のものに試行錯誤で挑戦していくこころ。

◆条件2　基礎知識：科学技術（学問）の知識・体系――本草学と発見力
発見家としての観察力と挑戦力（博物型、創造型）。

◆条件3　応用展開：製品開発の知識と役立ちの知恵――エンジニア能力と発明力
発明家、エンジニアとしての工夫と試作力（工作型、創造型）。

◆条件4　事業展開：顧客価値とビジネス展開能力――起業能力と事業展開力
起業家として市場や顧客を喜ばす力（マーケット志向）。

◆条件5　未来シナリオの策定とマネジメント能力――プロデューサー力と共創力
シナリオライター能力として、人、技術、金、時間の活用で仲間を喜ばす力（アライアンス志向）。

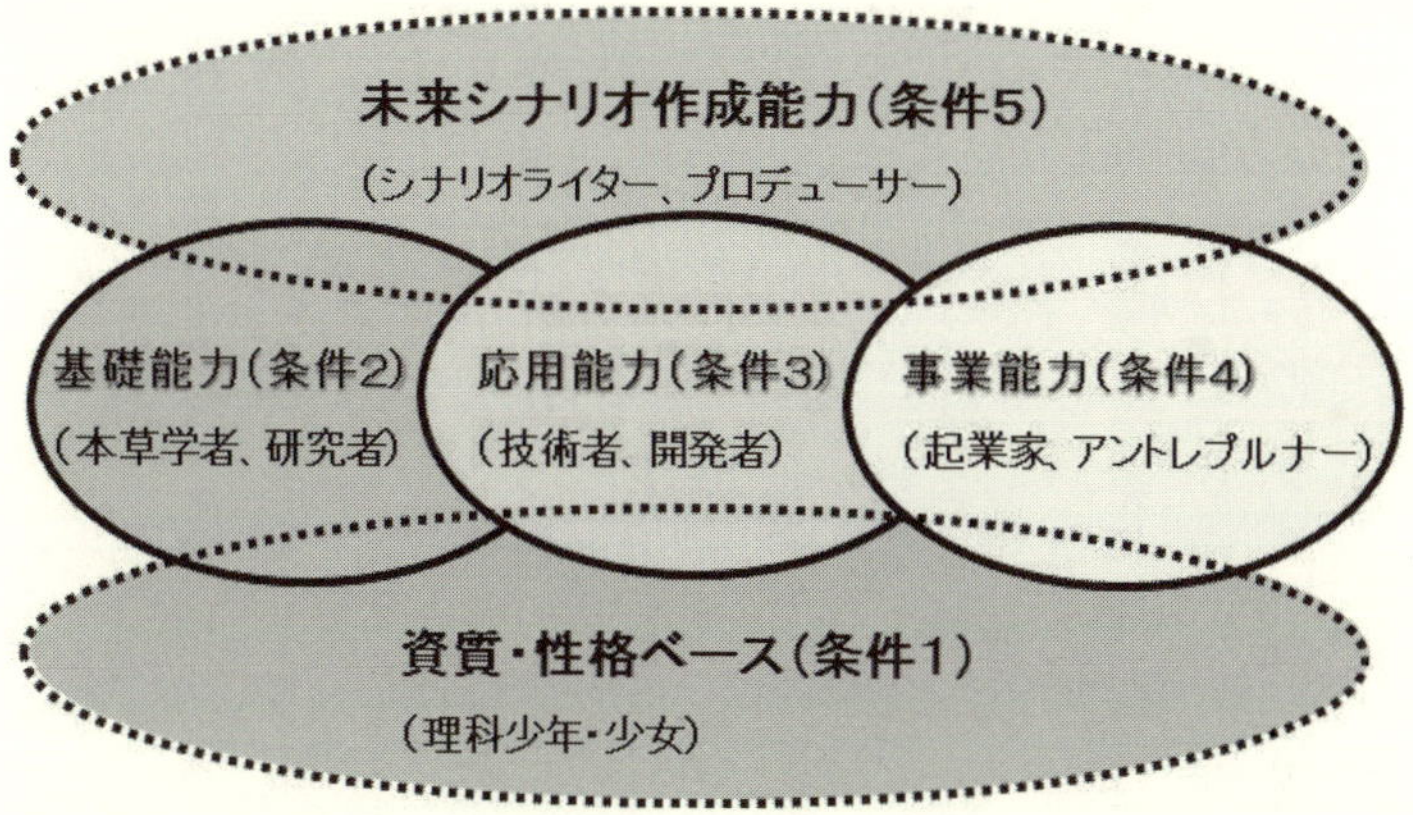

図１―４　イノベーターの５つの条件のイメージ

これらの５つの条件をイメージ図として示したものが図１―４になります。

ここでのイノベーターの条件（本書での取り上げる条件）と源内との関係については、もう少し詳しく源内の活動成果とも比較しながら、第２章以下でそれぞれについて検証していくことにします。

コラム③　イノベーターが越えるべき障壁（「魔の川」「死の谷」）

技術を基にしてイノベーションの方法論を示したものが、実践的なＭＯＴ（技術経営）と呼ばれるものだということは本文で既に紹介しました。その中身は環境変化の認知から始まって、技術・市場のマネジメント、組織・体制、アライアンス・知財、ロードマップ・ビジネスプランのマネジメントといった方法論が整理されています。

研究開発の事業化、産業化へのステージを移行する過程で「魔の川」「死の谷」「ダーウィンの海」と呼ばれる障壁がありますが、特にイノベーターとしての源内に関係するのは「魔の川」と「死の谷」で、それぞれについて紹介します。

◆魔の川：研究と開発の間の障壁として筆者はかつて「魔の川」を設定しました。この魔の川は結構、簡単に越えられそうで実はなかなか越えられないという「悪魔」と「マジック」を兼ねたものとして使っています。

研究・開発ともに未知のものを達成するという方向性は一緒ですが、「研究」は新しい技術シーズを見つけるという発散型、「開発」は製品ターゲットが明確になった収束型という大きなマネジメント上の違いがある点がポイントです。

◆死の谷：開発と事業化の間の障壁には、米国のベンチャーのスタートアップモデルから流用した「死の谷」の名称を用いました。

開発ステージがどちらかといえば、開発者だけで成り立つシンプルな構成で済んでいたのに対し、事業化ステージでは営業、製造、顧客へのアフターサービスなどの複雑な要素が入ってくることを明確にし、乗り越えることがより難しくなることを示しています。

死の谷を越える難しさには多くの点があるわけですが、必要な資金が一桁も二桁も急増することも特に大きい要因といえます。そこで、マネジメント体制の切り替えがうまくいかないと、まさに死の谷となってしまうのです。

（＊出川通著『技術経営の考え方』２００４年、光文社新書）

▼イノベーターの成功と失敗の基準とは？

源内の各種成果については成功か失敗か議論がわかれるところです。専門家からは、それらの成果はほとんど失敗であるという論評がなされることも多いのですが、イノベーション実現への視点で、それを再検証してみましょう。

つい最近まで、日本の世の中では科学者と技術者は研究成果を出し、開発者は製品開発までをきちんと分担すればよかったのです。しかし、現在は製品まででではなく売れる商品までを達成しなければならなくなっています。これが「死の谷」を超えることを睨むイノベーターの仕事になります。これは簡単なことではなく、忍耐のいる（またイノベーターの条件の必要な）作業になります。だからこそ価値があり、その役割を果たした人々をちゃんと評価することが必要です。

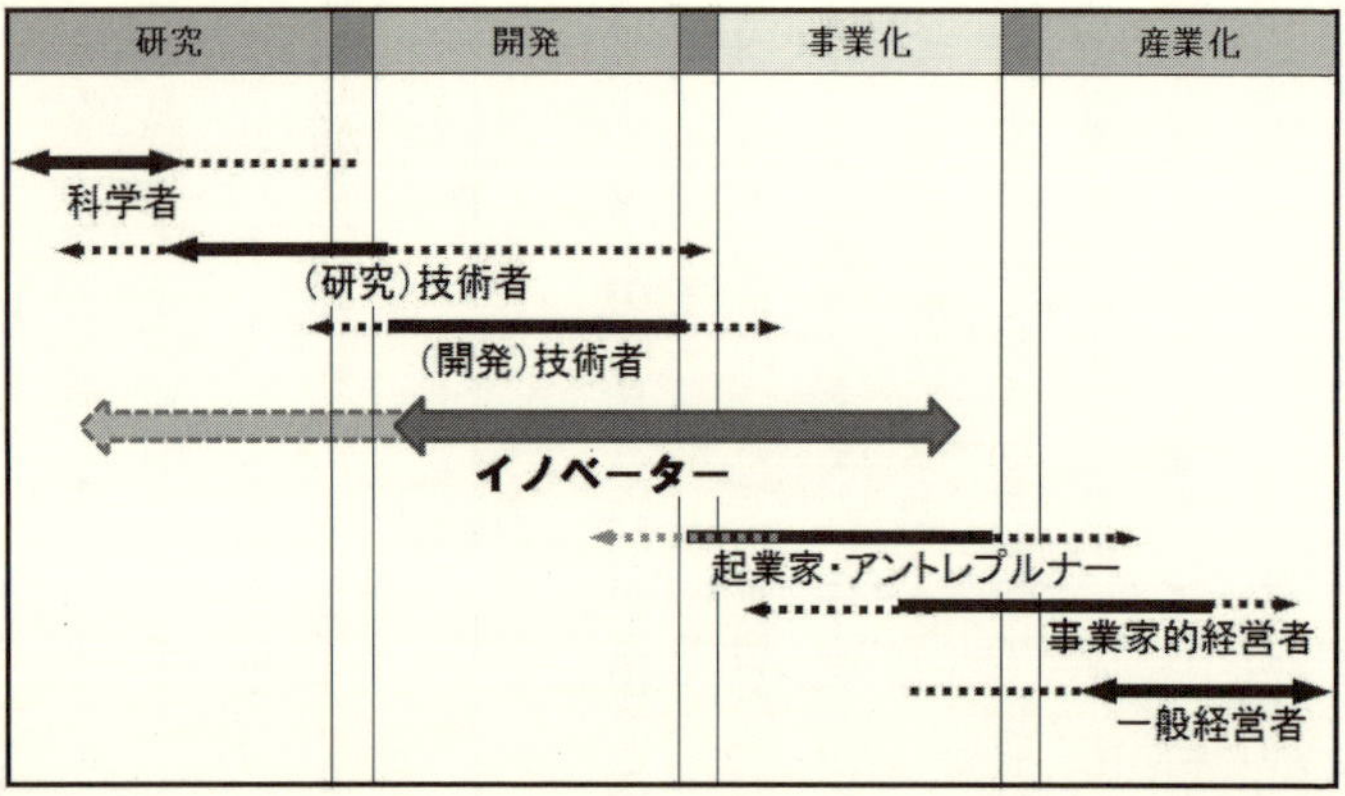

図1―5　イノベーションのステージとイノベーターとしての源内の位置

源内の業績に対しても、発見者として素晴らしいことをなしたにもかかわらず、「実用化していないのでダメ」とか、「もとはオランダのものなのでコピーにすぎない」とか、「売り上げたが大事業にならなかった」などという評価がいかに問題が多いものか、おわかりいただけると思います。

本書で取り上げる源内の案件とテーマは、すべてイノベーションのプロセスのなかにあるという立場をとります。そこでの成功と失敗とは何かということを、それぞれのステージの視点で評価していくという立場をとります。

世の中には無数の失敗事例がありますが、（当然のことながら）これらのほとんどは記録に残っていません。記録に残っているのは次につながるという基準で見たときに、成功した面白い事例だということです。これが実は今一番必要なイノベーターの評価基準ではないかと筆者は考えています。

図1―5にそのプロセス全体にわたる役割分担をイメージ化して示しました。イノベーター＝源内の位置づけがわかっていただけるでしょうか。

語学力がなかったといわれる源内の評価

源内の伝記や各種評論記事をみると、共通して源内は蘭語の読解力は不足していた（読めなかった）と書いてあります。そしてこれが、彼の能力の限界のような表現もあります。この時代、語学力が「なまじあったら、どうなっていたか」をシミュレーションしてみたいと思います。

この時代の通訳は、大変貴重な存在であったことは疑いありません。もし源内のように、いろいろな物事、知識分野に通じている人材が、堪能な通訳能力をもっていたとすれば、それなりに豊かな生活と平穏な生活はできたかもしれませんが、今回取り上げるような独創的な業績はほとんど残ることはなかったでしょう。

イノベーターには新しい技術シーズをもとに、果敢に他人よりも早く、顧客のニーズにあった製品を試作開発して、それを仕上げていくこと、すなわち通訳の能力と違ったものが必要です。それはまさに平賀源内の活動そのものであると解釈してもいいかと思います。

実際、当時の通訳として名を成し、後世に知られている人がどれだけいるでしょうか？　源内もへたをすると中途半端な藩の高級職人として、多くの翻訳と通訳を手掛けさせられ、生涯を終えていたかと思われます。オリジナリティ、想像力は、未知への挑戦と知恵を自分で工夫するところからくるものでしょう。

第2章 理科少年としての源内を解剖する
――イノベーターの条件1

源内の基本的な資質について検討してみましょう。

イノベーターの第一条件として、まずは一般的な理科少年・少女（以下源内については「理科少年」と記す）についての筆者による分類を示し、その特徴的な性格としての冒険心、挑戦心、好奇心などをキーワードに、源内の少年時代にさかのぼって解剖していこうと思います。

また、本章の主題である源内の理科少年ぶりを図2―1の流れに沿って検討することで、理科少年の発想が現代の技術者にとってもいかに必要なのかを、少し整理して述べてみましょう。

まずは幼少時代のエピソードや物語から、源内がどのように「わくわく」「どきどき」していたかを検証していきます。

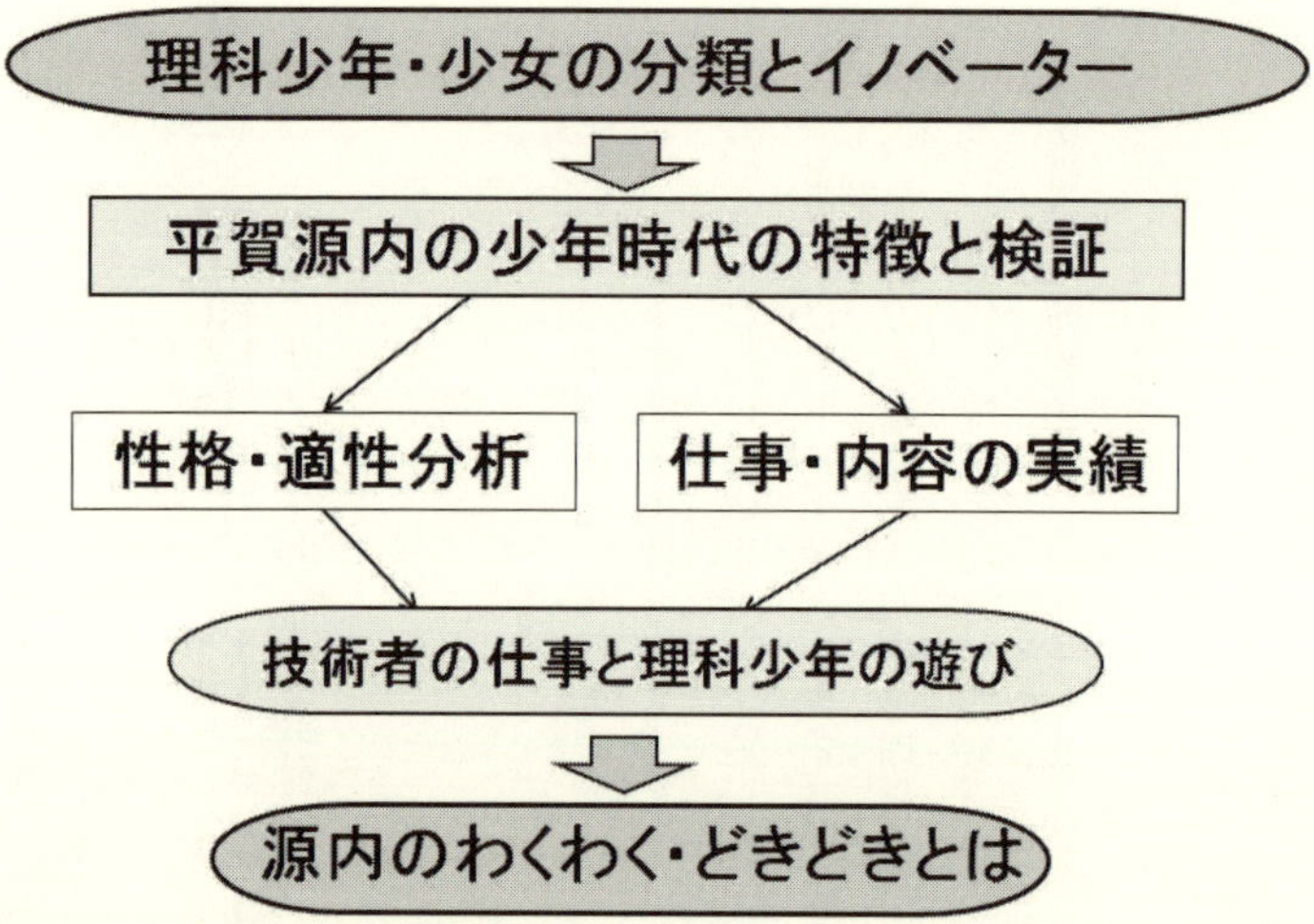

図2—1　イノベーターの条件（1）理科少年の発想とマインド

▼理科少年の分類とイノベーター

くり返しになりますが、ここでいう理科少年の原点とは「わくわく」「どきどき」「没頭する」という体験です。他人と同じことをやってるだけでは、とてもイノベーターにはなれません。普通の人より、時間や内容で圧倒的に突出することがイノベーターには必要です。

寝食を忘れて何かをするという集中力、「苦しかったというよりは、楽しかった」「達成したときの喜びはなにものにも変えがたい」、そういった体験が基本です。「寝ること、食事をすることを忘れる」（時間が無視される）ということは、集中できる、時間にしばられないということになります。

〝理科少年パワー〟が、イノベーター源内の強みになるのです。本章ではこの点について平賀源

	① 工作型	② 博物型	③ 計算型
スキル系	・プラモデル作製 ・ラジオキット組立 ・模型組立	・昆虫 ・植物採集 ・天体観察大好き ・鉱物標本	・暗算得意 ・そろばん名人
創造系	・身の廻りの品の工夫（発明） ・既製品以外の自由な組立（砂遊び、粘度遊び） ・設計・製図など	・独自の分類実施 ・新種発見 ・仮説提案 ・自然界の形状に興味（魚・鉱物・植物など）	・応用問題自作 ・独自の計算方法 ・法則の発見 ・幾何大好き人間

図2―2　理科少年の３つのタイプの分類イメージから

内を検証してみましょう。

理科少年の3つのタイプ、源内は何型？

理科少年とは何か、その条件とは？　本書の姉妹編、「イノベーションのための理科少年シリーズ」の定義に基づいて平賀源内がそれにあてはまるかどうかを少し分析します（コラム④に詳述しました）。

そこでは理科少年のタイプを「工作型」「博物型」「計算型」の3つとしました。それぞれのタイプのイメージの概略を示しておきます。これらはさらに「スキル系」と「創造系」に分けて考えてみています（図2―2）。それを源内を検証していくときのツールとして使っていきます。

コラム④　理科少年・少女の分類の特徴

タイプ1＝「工作型」

小学校の科目でいえば、図工の時間に輝くタイプです。各種の模型など、既存の部品を用いた組み立てが得意で、手先がよく動き作業も効率的なら「スキル系」。紙や木材などの素材に独自の工夫を凝らしてものを作り出す「創造系」グループも存在します。また、具体的にモノをつくるだけでなく建物の図面、ロボット設計図、空想基地構想などを創作していくのも、発想としては同一なので「工作・製図型」と呼ぶこともあります。

タイプ2＝「博物型」

動植物、鉱物などの名前などをよく知っていて、それらを収集し、標本を作ったりして体系的に分類することが得意な理科少年・少女です。「博物・分類型」とも呼べます。このタイプの「創造系」は、単にサンプルを図鑑片手に見ていくだけでなく、独自の分類に発展させたり、新種発見や仮説提案などへ展開する一群です。

タイプ3＝「計算型」

文字どおり、やたら暗算ができたり、計算が速かったり、そろばんがうまかったりするタイプです。「計算・論理型」ともいいます。公式を使う問題を解かせれば決して間違うことのない「スキル系」だけでなく、授業で教わらない独自の計算法を考案してみんなをあっと言わせたり、幾何的な図形問題を独創的に解決したり、自分で問題を作ったりする「創造系」グループもいます。

この3つのタイプについて、筆者はここ10年間にわたって工学部、理学部などの学生を対象にしてアンケート調査を行なってきました。その結果、全体でほぼ40―50％が工作系、博物系と計算系の2つがそれぞれ20％という結果が得られています。工作が好きだということは日本人のＤＮＡなのかもしれませんね。

（＊『理系人生　自己実現ロードマップ読本』言視舎刊、２０１２年）

	① 工作型	② 博物型	③ 計算型
スキル系	・細工仕事が器用 ・魚（鯛）の図はみごとに精密模写	・畑作つくりを見て気候と土と植物を分類 ・薬草の豊富な知識と分類	記録なし
創造系	・『御神酒天神』のからくり ・短剣で枝も切るし石も砕く ・作陶をみごとにこなす	・気温と季節、日当り、土の種類などの多くの情報を系統立て ・「新しい種」の草の棲息地を見つけ出す ・草木と話し、草の気持ちを理解する	記録なし

図２―３　源内の理科少年時代の行動パターン

▼理科少年としての源内を検証

幼少から20代のころまでについて源内の活動記録は少ないといわれます。この理由は、記録を残すレベルの身分ではなかった、源内自体に自伝がない、記録するほどの活動はしていないなどが考えられます。しかしその痕跡はいくつもあり、いろいろな評伝や著作などから推定すると典型的な理科少年だったようなところもあるので、それらをもとに推定してみましょう。

大人になってからの「理科少年（理科中年？）」ぶりは、後の章に任せるとして、まずは少年時代の逸話や記述からその片鱗を探ってみましょう。そのなかのいくつかの部分は後世の人たちの推測や創造が入っているかもしれませんが、それはそれとして検証してみるのも一興です。

少年時代の源内の行動のパターン分類

平賀源内の子ども時代についてまずは前掲の図2—2の「理科少年の分類」にしたがって分類してみましょう。データベースは、平賀源内の少年時代という創作小説といくつかの伝記に基づいて作成しています。

その結果を分類表に記入したのが図2—3です。この分類表をみていくと、源内の理科少年ぶりは見事に工作型と博物型のところに入っていきます。一部スキル系もありますが、多くは創造系のパターンに入っていそうです。イノベーションの必要な時代、この創造系というのは大切な資質であり、源内がそこに入っているのは注目です。

▼成果と実績から推定する源内少年の姿(1)性格分析から

源内の理科少年時代のデータをもとに、もう少し具体的に源内少年の遊びと性格の関係、その中でのイノベーターの片鱗などをみてゆきましょう。

工作・製図系の遊びの分類

源内の少年時代の作品としては「御神酒天神（おみきてんじん）」のからくりが挙げられます。唯一実物が残っているもので、お酒をそなえると、掛け軸のなかの天神様の顔が赤く変わるというものです。天神様の顔に仕掛けがあり、裏から出ている紐をそっと引くと、薄い（透けている）

赤い和紙が顔の上にかかかって顔が赤く見えるというものです（図2―4：御神天神のからくり）。少年時代の源内は絵もうまく、細工仕事も器用といわれていますが、そのうえに頓智もあったということでしょう。

青年時代になると短剣を腰に差して植物や鉱石（いわゆる本草学、博物学の原点）を探して採取することになります。枝も切るし石も砕くという今で言うサバイバルナイフのようなものを持ち歩き、讃岐の野山を自由自在に過ごしていたといわれます。

とくに作陶については、地元の陶村（すえむら）で幼少期に指導を受けた甲斐もあってか、原料の調達から配合、造形、仕上げ、焼くことまでこなすことに定評があったようです。長崎からの帰りに、広島・鞆之浦で土を見て陶芸を指導したときの地元でのお礼の跡（源内の生前墓）が残っているというのも有名な話です。彼のイノベーターぶりの原点かもしれません。

図2―4
御神天神のからくり
（平賀源内記念館）

また鯛の図はみごとに精密だったともいわれ、これがのちに蘭画の手法をきわめて短時間に取得するベースになっているとも思われます。このへんはまさに工作・製図型そのものといってもよいでしょう。

博物・分類系の遊びの分類

工作型以外にも理科少年としての源内少年の行動は、わりと明確に分類することができます。少年時代から草や木を調べるのが好きで、この草は何に役に立つ、この木は薬になる、などの分類していたようです。その知識の高さを認められ、高松藩では薬草園のめんどうをみる係りに取り立てられたといわれます。これはまさに、博物・分類系そのままです。

幼いころの源内は父の畑作つくりを見て、気候と土と植物の理屈や原理を取得したといわれています。いろいろな知識と知恵を、彼独自の頭脳構造のなかで分類整理しながら蓄積したのでしょう。その庭の草木の名を真っ先に覚えて、草木と話しているといわれるぐらいに熱中したのでしょう。その当時は、草の絵ばかり描いていたともいわれます。まさに「はまる」「時間を忘れる」という状況ですね。

その前提として、過去に収拾した草木薬草の種類を気温と季節、高度、日当り、土の種類などの多くの情報を系統立てて全部頭に入れていたのでしょう。これはもう分類というよりは源内の特殊で体系的な才能といえます。

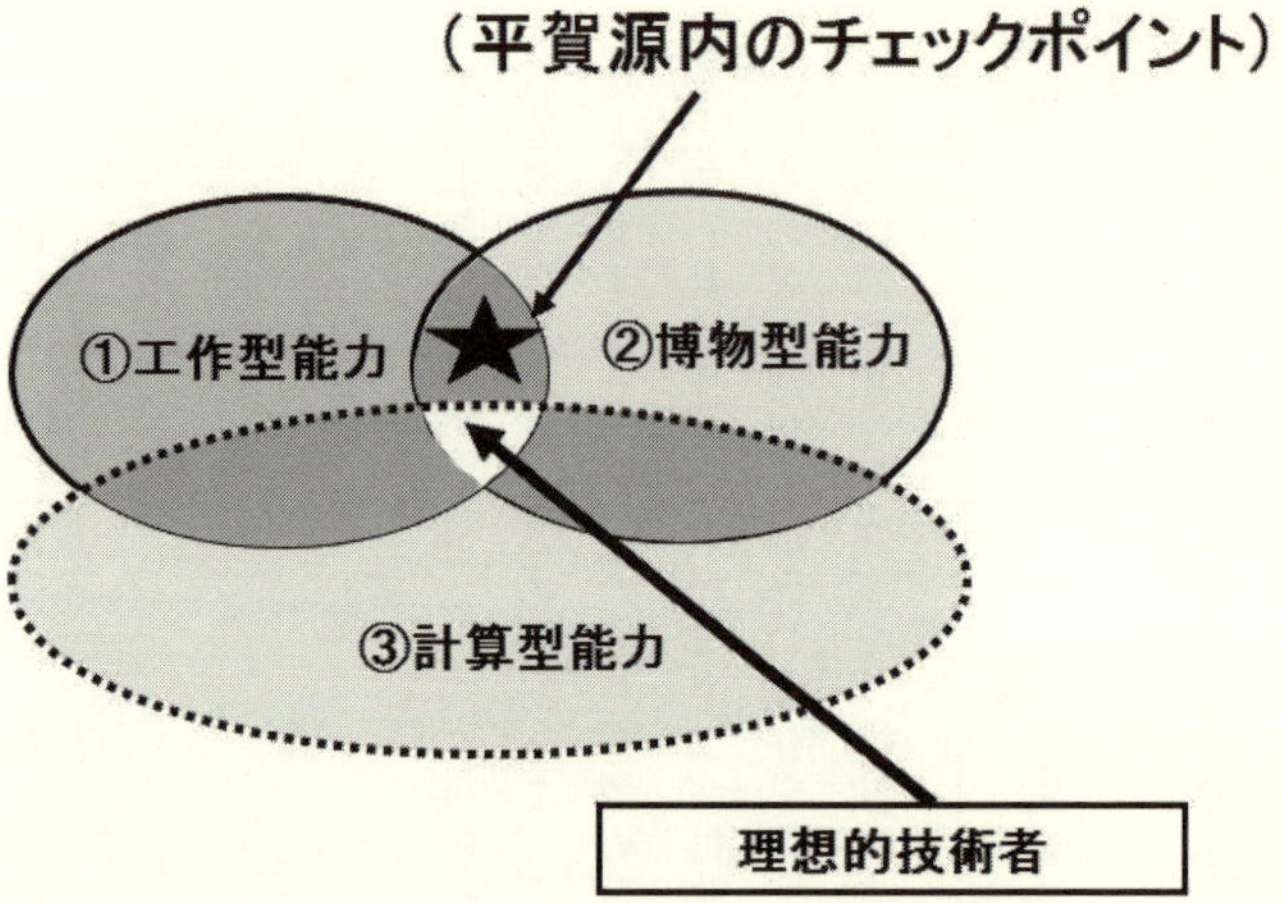

図２―５　技術者としての基本的資質と源内の分析結果

この知識は机上のものだけでなく、実践的でもあったようです。薬草の体系的な知識を用いることで高熱を出した妹を救い、妹は九死に一生を得たというエピソードが伝わっています。

計算・論理系の分類

源内の計算・論理系の関係については、いろいろな文献や物語を見ても目立ったものはほとんどみられませんのでここでは省略します。

▼成果と実績から推定する源内少年の姿(2)仕事上の実績から

イノベーターの条件として、まず「理科少年という素質」があるという仮定をあげてみましたが、技術者上がりのイノベーターにとって、いちばんの理想は理科少年時代の楽しみの内容が仕事そのものになるという仮定です。少年の心と技術者の仕事が一致したとき、イノベーターぶりはもう「止まらなく」なるのでしょう。

源内について、その基本分類をもとにして整理すると、「工作・製図」「博物・分類」型がミックスしているように見えます（図2―5）。また、全体を通してみると、平賀源内はマニュアルのような基軸があってそのとおりにきっちりやるスキル系というよりは、キャンバスに自由に内容を描いていくという創造系であるといっていいでしょう。

もう少し細かくその性格と現代の技術者との対比を見ていきましょう。タイプ1の工作型は、設計や製造現場での改良や実験をすると、その器用さで人一倍うまくこなすことができる技術者といえるでしょう。

タイプ2の博物型は、データの整理、分類、技術的課題の発見などをきちんとこなすことができる技術者。タイプ3の計算型は、シミュレーションや構造解析系、制御回路計算などの数学を多用する技術分野で大きな力を発揮する技術者です。

▼源内の「わくわく、どきどき」とは

現実のビジネスのスタートアップ（起業初期、いわゆるイノベーターの活躍時期）では、知識・知恵の能力とか理屈だけで何とかなるものではありません。強い思いを持ったリーダーが実行者としての熱意と執念とが合わさって進んでいくといっていいでしょう。

平賀源内が生涯をかけて実行してきたことが、まさにそれで、それがイノベーターの資質という

ことになりそうです。現実に世の中をみると、そのような思いと何がしかの強みが組み合わさると〝成功物語〟となるようです。源内もそうですが、そういうリーダーたちに共通するものが、なにかに「はまる」「没頭する」という体験でしょう。

源内の行動を見ていると、まわりの人も何か楽しくなったりわくわくしたりします。その原点には源内が持つ理科少年のこころがあるのではないでしょうか。

それが伝わる第一の理由は、彼が「わくわく」「どきどき」しながら「仕事に没頭していた」からだと考えています。もう一つの理由は、いろいろな人との広範なつながりでしょう。彼の「わくわく」「嬉しさ」「熱中」などが他人に伝わり、仲間に伝播していき、それが〝強み〟となります。

イノベーターの強みのひとつは、理科少年の潜在力にあるといっていいでしょう。

ここでまとめとして、3つのタイプをベースに平賀源内を対象にしてざっくりと仕事、業績と対比させてみたのが、図2—6です。結構あっていますよね、皆様の意見はいかがでしょうか？

		① 工作・製図型	② 博物・分類型	③ その他型
理科少年	スキル系		・朝鮮人参栽培（農学） ・金銀鉱山の再評価と試掘	
理科少年	創造系	・「万歩計」（量程器）「磁針器」（現在の羅針盤）を独力で制作 ・ライター煙草用の点火器を発明 ・飛行船(熱気球)の試作 ・竹トンボ（史上初のプロペラ）の発明 ・広島で陶土を発見し、陶器製造を指導	・伊豆で芒硝（硝石）の発見 ・火浣布、防炎繊維 ・亜鉛鉱の発見 ・サトウキビの栽培と砂糖の製造実践 ・製錬技術者としての挑戦	
イノベーター（ビジネスまで）平賀源内の仕事		・エレキテルの修理、改良（機械学・電気学の萌芽） ・源内焼・・・陶器のプロセス開発指導 ・金唐革紙事業、源内櫛事業	・物類品隲（ブツルイヒンシツ）」作成 ・毛織物製造事業（羊から） ・中津川金山事業 ・炭開発事業	（コピーライターとしての仕事） ・土用の丑の日に鰻を食べる宣伝 ・歯磨き粉「漱石膏」の作詞作曲 ・音羽屋多吉の清水餅の広告コピー ・解体新書のプロデューサー ・破魔矢発案

図2―6　技術者、平賀源内の業績と理科少年の遊びの分類アナロジー

第3章　江戸時代の学者、発見家としての源内
――イノベーターの条件2

本章では、イノベーターの第2の条件として基礎的な知識に関することを検討しましょう。それは現代でいう科学技術（学問）の知識・体系となりますが、江戸時代に即していえば「本草学」の取得レベルと何を発見したかの検証ということになります。

平賀源内にはいろいろな顔があり活躍の場がありますが、ここでは源内の当時の学者としてのレベル、発見家としてのレベル（能力と実績）について、検討していきます。図3―1に本章の全体スキームを示してみましたが、ほぼ「研究ステージ」が主な範疇になってきます。イノベーション促進では、自分の得意なところを分担し、いろいろな人の協力を得ながら、共通の目標、社会的な価値を達成していくというのが基本姿勢です。このため、それぞれのステージでの役割を果たした人をきちんと評価していくことが大切なのです。

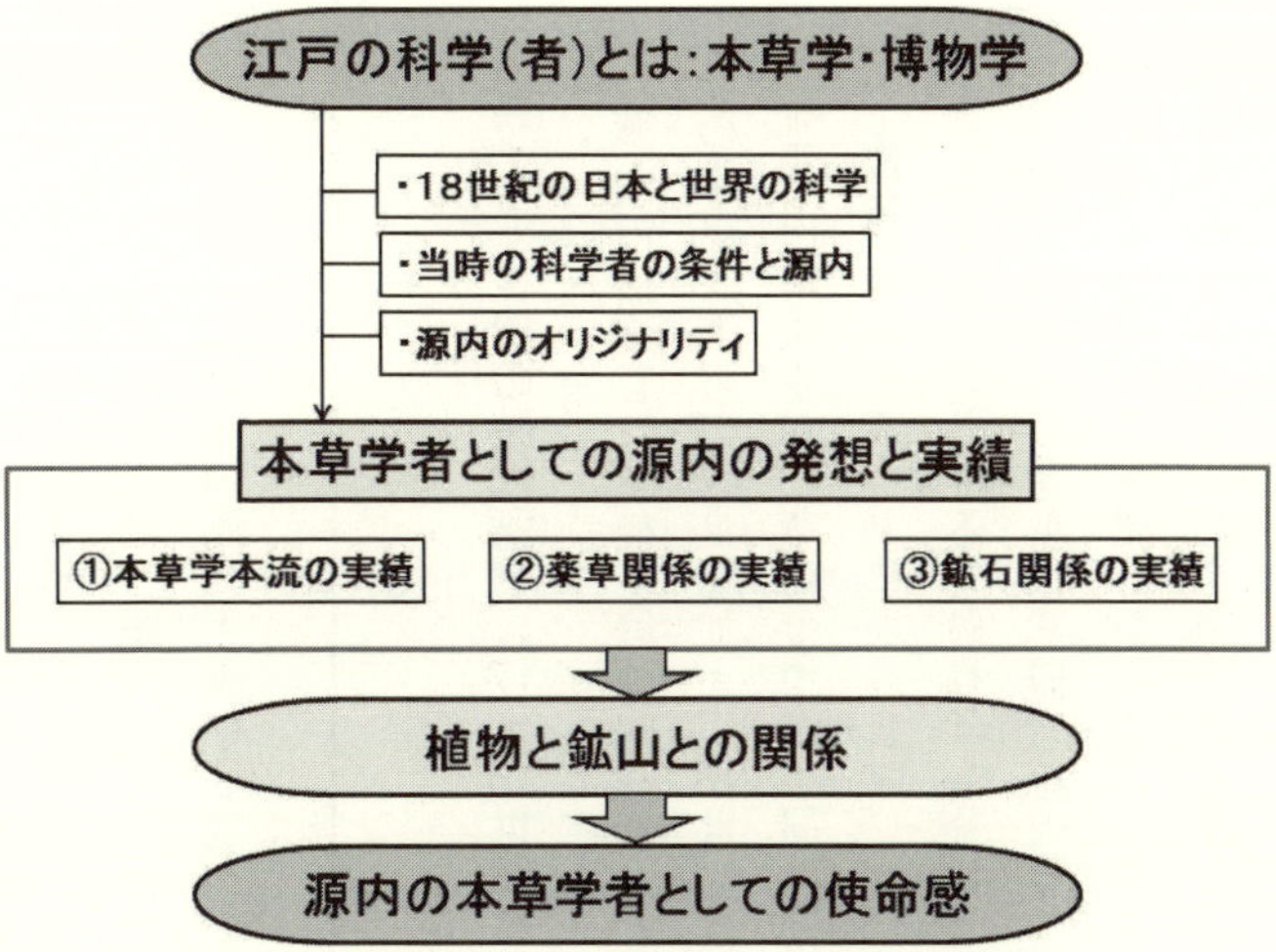

図３―１　イノベーターの条件（２）：科学者の発想と実績から

▼江戸の科学者とは——本草学と博物学

いわゆる江戸の科学者、発明・発見家としての源内という一般的な見方は、実像をとらえているでしょうか？　まずは源内が生きた江戸の科学という面で、そのレベルや専門性について検討します。

18世紀の日本の科学水準と蘭学

18世紀、江戸期の日本の科学水準を検討する前に、すこし源内の生きた時代の前後の世界とのつながりについておさらいをしてみましょう。16世紀にはポルトガル船が日本に来航し、鉄砲・キリスト教が伝来しています。その後もいわゆる〝南蛮人〟の手により西洋風の自然学や医術が伝わっています。もちろん西欧はまだ産業革命前ですが、その息吹きはすでに始まっていたのです。

この当時の蘭学ですが、17世紀初めの鎖国令により海外との文化交流は制限されていました。しかし徳川吉宗は禁をゆるめ、青木昆陽らにオランダ語学習を指示し、前野良沢へと続く蘭学が開始されてきます。医学では、源内と同時代であり、間接的にかかわった杉田玄白らの『解体新書』のほか、理学では識者の間に太陽中心説が広まっていくという、科学としては黎明期にあたります。

コラム⑤世界の時代背景（17―18世紀）――産業革命と米国独立の時代と日本

源内の活躍した時代とほぼ同時期、蒸気機関が製作され、西欧では産業革命が始まります。その後ワットらが改良を加え、18世紀後半には現実の動力として各方面で使われるのです。まさにエネルギー革命ですが、同時期にイギリスの繊維産業、製鉄技術が発達し、旋盤などの工作機械も整うことになります。また染料や肥料の改良研究から化学が起こりはじめ、力学や理学などのいわゆる基礎科学も分化しながら体系化されていくのです。

一方では科学の進歩は武器（銃火器）の進歩につながり、米国の南北戦争、独立戦争などに影響を与えていく時代となります。イギリスの東インド会社による支配など、アジアでは産業革命の成果を基にした帝国主義による植民地支配体制が始まっています。

医療関係技術や造船航海術、算数式や暦・天文関係でも大きな進歩があり、西洋ではその成果が本にも現われはじめています。日本でも着実にその影響を受けており、特に本草学では、中国の『本草綱目』、『三才図会』などをうけて、林羅山の『多識編』、貝原益軒の『大和本草』、寺島良安の『和漢三才図会』、稲生若水の『新校正本草綱目』などがまとめられています。また農業技術も大きく進歩し、18世紀の100年間に耕地はほぼ2倍になったともいわれています。

さらに源内の没後になりますが、1823年にはシーボルトが来日し、高野長英ら多くの門人に医学や生物学を伝えることになります。医学分野で緒方洪庵、華岡青洲などが出現する時代を迎えます。

▼源内は当時の科学者といえるのか

何度か述べたように、科学者としての源内の評価には厳しいものがありますが、それはいずれも物理、化学、生物といった現代の分類の視点に基づいた結果ともいえます。現在の視点を江戸の視点に切り替えないで論評すると、平賀源内は科学者とはいえないことになってしまいます。特に科学者筋から、源内に批判が浴びせられているのはこれです。

源内批判が生ずるのは、1700年代の科学者という背景を考慮せず、教科書的な科学者像からずれているということが原因になっていると考えられます。これは次の3つの判断視点によると思われますが、これについても述べてみましょう。

(ア) 科学者は真理を追究して、品行方正であるべきである
(イ) 科学者は専門分野を極めるべきである
(ウ) 科学=サイエンスは事業に結びつけるものではない

今の専門家=科学者的な分類からすると、源内はいろいろな分野に手を出しすぎているように思えるのでしょう。すでに述べたように「集中していたら、もっと何かをしたかもしれない」という期待感も底流にあるかと思います。もちろん源内晩年の殺傷事件も、イメージを悪くしています。もっというと、これまでの評者の頭の中に、「イノベーター」という評価軸が存在しなかったことが最大の問題かもしれません。1950—80年代までの日本の科学エリートの発想には、「イノベーション、イノベーター」という発想はなかったからです。

いうまでもなく、江戸時代における学問体系は分化されておらず、「本草学」という形でひとくくりにされていました。これを前提に判断すると、源内が「科学者」であったかどうかは別にして、「本草学者」だったことは間違いありません。問題は源内がどのレベルの本草学者、博物学者であったか、という評価です。

ここでは、平賀源内が生きた18世紀の環境条件を検証しながら、源内は見事に「学者」であったことを明らかにしていき、イノベーター前段階としてのこのステージの役割についても検討していきます。

科学者と技術者の違いとは

現代において、技術者と呼ばれる人たちは、主に産業界に属しています。（企業の）技術者は、事前に設定された実用的な製品の設計・製作などを目標にして職務を担う一方で、研究者、開発者と呼ばれることもあります。研究者といった場合、実用性以前の技術シーズを探究する傾向が強く、開発者という場合には目的が明確な製品・商品を目指して開発する職務が多い傾向にあります。

今では一般に学者と呼ぶ場合には、企業ではなく大学などの教育機関に属している研究者を指すことが多いようです。これは、教育サービスを提供するかどうかも、学者・研究者を区別する一つの基準であることを意味しているようで、公的な学術機関の場合は、学者ではなく研究者と呼称されているようです。源内はどの範疇と言えるでしょうか。

▼本草学者としての源内は正統の学者といえます

改めて江戸時代の視点に戻ってみましょう。この時代には「本草学」しか科学を指すことばがなかったことは述べてきました。もともと薬草などの草木が基本になって、それが源内の時代に薬草以外の鉱物、動物などの薬に関する物品にも広がり、いわゆる「博物学」となっていくのです。

博物学とは、自然に存在するものについて研究する学問といわれます。広義には自然科学のすべてをいいますが、狭義には動物・植物・鉱物・岩石などの自然物についての「収集と分類の学問」ともいわれます。東洋では「本草学」が相当しますが、日本で明治期にNatural historyの訳語として「博物学」が作られ定着したといわれます。

もちろん20世紀の科学では、動植物などの生物には系統分類もしくは分岐分類が与えられて体系化され、鉱物類には各種元素の発見による化学的組成と結晶構造、成因などによる分類が適用されるようになります。その結果、博物学が旨とする収集・記述は傍流であるとみなされるようになって、博物学はその使命を終えました。

源内が生きた18世紀中ごろでは、本草学が唯一の科学だったのです。源内は草木から鉱物などへ、積極的に本草学から博物学への展開を図ったといえます。ということは、間違いなく源内は、正真正銘の一流学者であったといってよいでしょう。また本草学の主流ではありながら、革新的な学者だったといってもよいでしょう。

このことについて、ここでは本草学の体系化の業績、薬草の発見的な業績、鉱物の発見的な業績の3つのポイントから検討してみます。

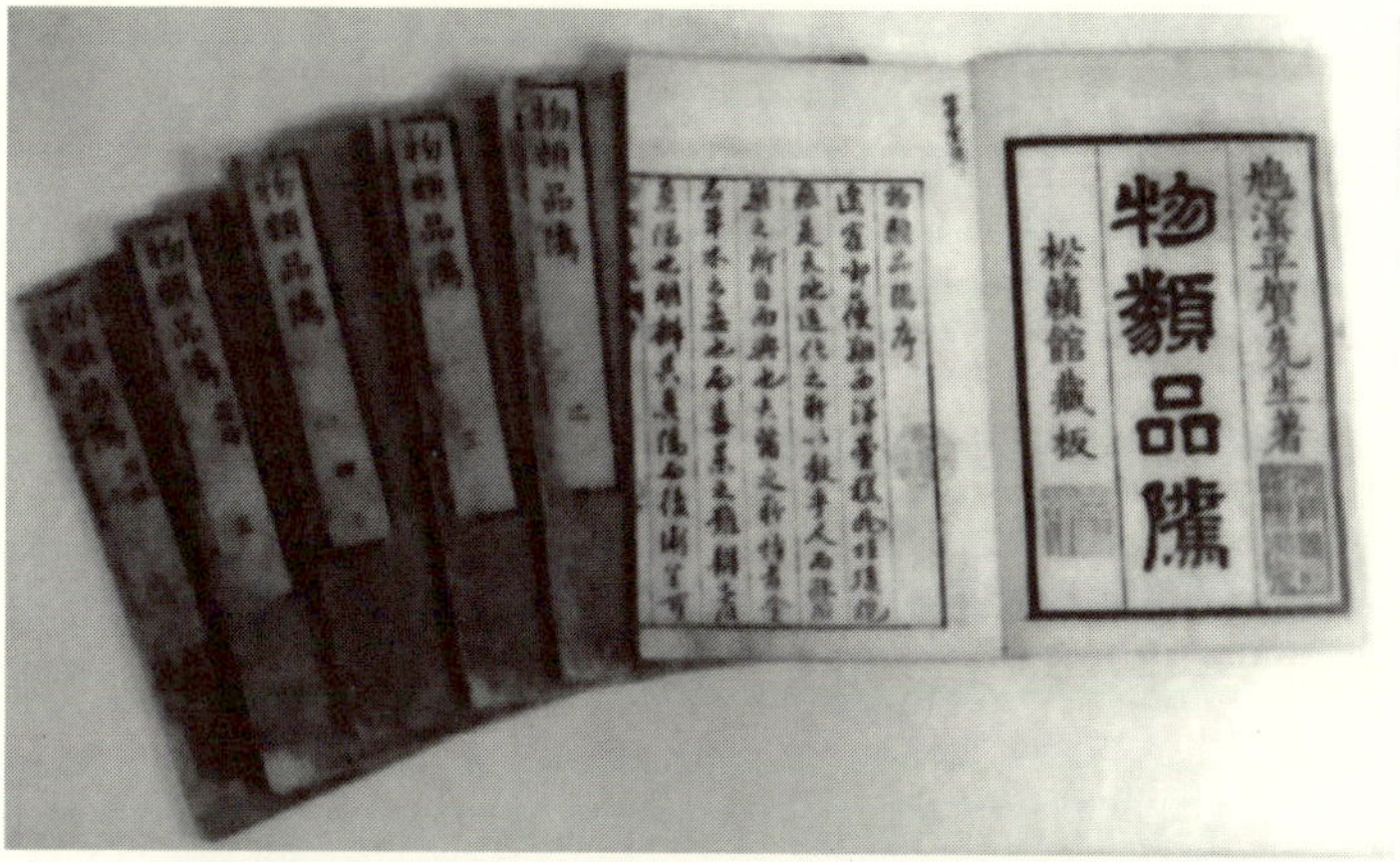

図3—2　平賀源内の『物類品隲』（平賀源内記念館）

▼源内の本草学者としての実績（1）本草学の本流から

本草学の本流は、植物と鉱物の収集、発見、分類と体系化です。源内は文句なく江戸時代の本草学の発展に多大な貢献と寄与をしています。

全国的な規模の「薬品会」を主催して、薬草を含む植物や鉱物などを展示・紹介するとともに、その記録を大作にまとめるという作業は、まさに本草学の主流中の主流の仕事です。

この薬品会とはいわゆる物産博覧会とでもいうもので、日本各地にどのようなものがあるかを知るために企画されたものです。鎖国社会における国内の自給自足、国益増進のために危機感を持った源内が、自ら動いて企画し、その会合は5回まで連続して開催され、多数の新しい自然物（植物、鉱物）類を紹介しました。また、多くの人々にも巡り会うことになり、彼の後半生におけるさまざまな活躍の基礎を作っていくことになります。

特に第5回目の「東都薬品会」は当時としては前代未聞の規模で開催され、その成果を収めたものは『物類品隲（ぶつるいひんしつ）』という本となります（図3―2）。その題名は物産を品評して定めるという意味で、本文4巻、図絵1巻、附録1巻の計6巻からなっています。内容は、多くの薬草のみならず鉱物などの金石類も積極的に掲載し、これが全体の33％近くに及んでいることは、当時の新しい科学への試みともいえます。

この本は4つ以上の版元から出版されるベストセラー本となり、また彼の死後も継続して版を重ねていきました。これはまさに本草家・平賀源内の主著といえるものです。これだけでも、時代の要求に応えた一流の本草学者の証しといえるでしょう。

▼源内の本草学者としての実績(2)植物と薬草の発見から

薬品会（博覧会）を江戸で開催し、新しい鉱石や薬草を含む植物を展示・紹介したことは本草学の体系化という意味で重要な仕事でした。ここでは、新しい植物（薬草を含む）に関する具体的な源内の発見の成果についてみてみましょう。

本草学は、もともとは人間の生死を握る薬草学でもあり、重要な分野のひとつでした、源内は一時、高松藩の薬草園の管理者に任じられて、さまざまな本草学の基礎的な修業を積んだのです。余談ながら現在では当時の薬草園はなくなってしまい、栗林公園内に百花園と呼ばれる跡地が残って

図3—3　高松栗林公園の薬草園の跡地

いるだけですが、当時を偲ぶことができます（図3—3）。

源内は、いくつかの植物を日本国内で発見したといわれています。特にハゲキテンは彼の地元の香川県（大川山山麓）での発見です。

徳島文理大学の薬学部は源内の出身地である香川県志度にあります。その案内文には、源内が香川県で多くの薬草を採取して『物類品隲』に掲載した「竹節人参（チクセツニンジン）」、「釣藤（カギカヅラ）」、「黄連（オウレン）」などが、大学の植物園で栽培されているとあります。

また平賀源内記念館の旧館（生家といわれている）の庭の薬草園には、源内が紀州で発見したホルトの木があり、昔日の面影を今に伝えています。源内記念館には彼が使っていた薬研（やげん）と薬たんすが残って保存されています（図3—4）。

図3—4　源内が使っていた薬研と薬たんす（(財)平賀源内先生顕彰会所蔵）

またサトウキビの栽培と砂糖の製造方法を『物類品隲』で紹介したことで、香川県の特産品として「讃岐の三白」のひとつと言われる砂糖「和三盆糖」が定着する源となったといわれています。

コラム⑥　江戸時代中期の医者、医術、薬学とは

江戸時代の医者は、現代のような免許制度があるわけではなく、医術の心得レベルによらず医者になろうと思えば誰でもなることができたといわれます。それだけ医術が信頼されていなかった裏返しでもあり、源内もさまざまの戯作において、痛烈に医者を皮肉っています。

当時の医者の水準は、西洋に比べても薬の

処方などの分野ではさほど大差はなかったともいわれています（解剖学の分野以外では西洋と同じようなレベルだった）。いわゆる伝染病などには病原菌が特定されていないので、西洋だろうが東洋医学だろうが無力だったのが理由と思われます。

また、洋の東西を問わず、〝祟り〟のような宗教的なものや迷信が原因と考えることも残り、病気祈祷のための神頼みや厄払い、御札を用いるなどの習慣もありました。現実の医術の内容は対処療法で、その主体は薬の調合と処方でした。まさにその源泉は薬草や鉱物の知識の本草学につながるわけです。医者の名家というものは、これらのノウハウを経験的に蓄積していたのだろうと思われます。

源内の各種伝記の内容には、独立してから、医者の真似事をして食い扶持を稼いでいたとの記述もあります。源内は、当時としてはかなりの水準の医者であったといってもよい知識をもっていたと推定されます。

▼源内の本草学者としての実績（3）鉱物学の発見から

本草学のもう一つの柱である鉱物、採鉱関係について、体系化と発見者としての源内の仕事を整理します。これらの知識は、後年の源内の各種鉱山事業のベースにもなっていきます。

まず有名なのは、伊豆で「芒硝（ぼうしょう、グラウバー塩ともいう）」の発見と採集に取り組んだことです。そのほかにも「亜鉛鉱」や「ミョウバン」や「コバルト」、「かんすい石」なども発見したと伝えられていますが、どの程度のレベルで発見したのかは不明です。

芒硝についてはあとで詳しく述べますが、亜鉛鉱については、専門業界団体の伸銅工業史(*)にその記述があり、「1779年7月に平賀源内は陸中和歌郡仙人山付近で亜鉛鉱を発見、採掘に着手」と記されています。亜鉛については、仏具などの黄金色として知られる真鍮の原料を、仙台藩に依頼されて現在の岩手県花巻近辺で発見したと伝えられています。しかし技術史上は1912年になってやっと亜鉛の単独の分離ができたので、鉱物が直接合金である真鍮の粗原料として活用されたのではないかと想像されますが、詳細はわかっていません。

（＊日本伸銅協会刊『伸銅工業史』1967年）


また源内は秩父（中津川）において「かんすい石」などを見つけています。かんすい石（寒水石）は、鉱山付近に広く露出する結晶質石灰岩のことを指すもので、自然金などが多く含まれる重要な石だったようです。寒水石という名称は、今でも阿武隈山地南端に産する結晶質石灰岩の石材名として残っているそうです。

本草学の実績としてはこれだけでも第一級の成果といえる発見です。本草学の重要性のルーツは、先ほどの植物が薬草とつながっているように、鉱石も各種の薬につながってくるのです。化学工業が未発達の時代、薬の原料は薬草だけでなく芒硝のような各種の鉱物が重要だったことがポイントです。

芒硝——硫酸ナトリウムの効用とは

源内の本草学の知識とその資源の国産化への思いが、科学的業績にも結びついていったひとつが「芒消」の発見と製造です。源内は幕府の「芒硝の御用方」という肩書をもらっており、その足跡が詳しく残っているので、ここでは、そのなかの芒硝の発見と効用に絞って少し詳しく述べてみましょう。

ちなみに、芒硝とは何でしょうか? 一部の温泉好きの方々は「芒硝泉質」ということばをご存知かもしれませんが、芒硝という言葉は今では死語になってしまいました。芒硝とは化学的にいうと、硫酸ナトリウムの水和物のことです。現在ではさまざまな工業用途に利用されていますが、当時は漢方薬の下剤・利尿剤として重宝がられていたものです。

もう少し丁寧に書くと、天然の結晶硫酸ナトリウムで、効用は腸の蠕動《ぜんどう》運動を促進し、便秘などに効きます。利尿作用もあったりするのですが、難しくいうとその効果は血液凝固抑制作用、塩類瀉下作用、緩下作用などと記載されています。副作用もあるようで流早産の危険性が高まるため、妊婦の方は服用を避けるべきとか、過剰に服用すると、下痢、腹痛、浮腫（むくみ）などの症状が現われるともいいます。

当時の江戸では全量を輸入に頼っていたため、高価で、容易に手に入らず、多くの人々が苦しめられていたわけです。源内は伊豆産の芒消とその原料を入手し、これを国産化しようと思い立ち、幕府の御用として伊豆に赴いた源内は、芒消の鉱石の発見と抽出に成功しました。彼自身ではこれを産業として成り立たせるまでにはいたらなかったのですが、本草学者としては画期的成果といえるでしょう。

▼温泉と源内(1)香川、みかど温泉

平賀源内と温泉についてはいくつかのエピソードがあります。江戸時代から温泉成分は効果的な薬効成分でもあったわけで、温泉探訪は広い意味の本草学にもふくまれます。源内の地元（香川県）の温泉と、伊豆の温泉（芒硝泉）の発見・紹介に深くかかわっているので、この2つの温泉を紹介しましょう。

まずは香川県のみかど温泉とその効用です。「みかど」とは「美霞洞」と書きます。源内が絶賛しその効用を認めたといわれます。実際に宝暦12（1762）年、江戸・湯島で開かれた第五回薬品会にこの水を出品したと次の記録があります。「讃岐阿野郡川東村、奥林にて石壁あり、高教丈余にして水石間より滴出す、土人石の乳と号す、火傷に塗て治すこと神のごとし云う、最即ち地脂なるべし（土地の人は「石の乳」と呼んでいる。やけどに塗ると、その治ることは神業のようだ）」

図3—5　みかど温泉の近所の風景

図3—6　船原温泉（芒硝系の温泉地帯）の写真

（平賀源内著『物類品隲』より）

このように源内はこの温泉水を石の乳と称していますが、筆者も泊まってお湯に入って楽しみました。まさに薄く白く濁っており、若干の硫黄臭があります。周囲は香川と徳島の県境にあり秘境ムードいっぱいです。付近の旅館と道の駅の温泉は源泉も一緒です。ぬるぬるとする美肌系のお湯でしたが、昭和の香りのする旅館はなかなか風情があり、道の駅のほうは広々として気持ちがよい温泉でした。

▼温泉と源内(2)伊豆、船原温泉

伊豆の真ん中にある修善寺から西伊豆へぬけるところに船原峠がありますが、その一番山側が上船原です。源内はここで「芒硝」を発見したといわれていますが、その厳密な場所は今ではわかりません。温泉にかかわるところといわれ、温泉の蒸気の凝集したところに芒硝が析出していたともいわれます。この付近が船原《ふなばら》温泉であり、そこの案内には下記のようなことが書いてあります。

「硫酸塩泉の湯は、リウマチ、高血圧、慢性皮膚病などの諸病に効能を発揮すると言われ（中略）芒硝の産地としても知られており、徳川十代将軍・家治の時代には、幕府の命を受けた平賀源内がその採集にあたっていたと伝えられています」

泉質・効能はナトリウム‐カルシウム硫酸塩泉、リウマチ、慢性皮膚病、創傷、高血圧などで、

まさに芒硝温泉ですね。伊豆の芒硝温泉での一風呂いかがでしょうか？

▼本草学と鉱山探索の関係

詳しくは第4章で述べますが、源内が後半生に〝山師〟へ転身する理由を見てみましょう。皆さんは疑問に思わなかったでしょうか？　なぜ本草学の植物などの知識が鉱山における金属鉱床の発見につながるか。

実は鉱山の探索を行なう山師のなかで〝秘中の秘〟だったのが、山に生えているシダ系の植物を鑑定して、金や銀、銅の鉱床を見つける方法です。その代表的なものが金鉱床の指示植物である金《かな》山草《やまそう》（イワデシダ科）で、別名カナヤマシダとかヘビノネゴザ（蛇の寝茣蓙、蛇の寝御座）とも呼ばれています。

じつは金属鉱山の廃坑辺りは重金属が〝リッチ〟になっており（いわゆる重金属汚染地帯ともいえます）、ヘビノネゴザが独占的な群落を形成している場合が多いのです。日本には約８００種以上のシダ植物が生育しているなかで、ヘビノネゴザだけは、主として根の細胞壁に銅や鉛、根の細胞壁と細胞液中には亜鉛、葉身にはカドミウムをそれぞれ集積する性質があるのです。

なぜこのヘビノネゴザだけが重金属耐性に特異性を示すのか、これは自然界の謎であるともいわれています。ヘビノネゴザが群生しているところが鉱脈がある可能性が高いとはいえ、シダの種類を見分けるのはそう簡単ではありません。シダ類の種類を見分けるのはかなりの熟練度と知識が必要です。まさに本草学者の出番ですね！　比較的わかりやすいのが、春先の芽吹きの時期といわれています。

本草学を極めた源内が、鉱山の金脈探索ができる（可能性が高かった）という一つの理由も、これでなるほど納得ですね。

イノベーターの基本は、まずは本草学のような基本知識の集積にあったのです。

コラム⑦　現在でも使われる金属鉱床を探すための指標植物

古来、日本は世界でも有数の金属資源国で、日本の主要な輸出品目として金銀銅が占めてきたことは歴史的にも実証されています。最近では枯渇してしまったといわれながらも、手近な範囲で、さまざまな金属鉱物が採取できる世界でも特異な国といえます。近年（１９８１年）でも鹿児島県で「発見」された菱刈鉱床は世界有数の「金」鉱床で、埋蔵量は約２５０トン程度と推定されています。

これを見つけた金属鉱業事業団（石油天然ガス金属鉱物資源機構　JOGMEC）では、１９８７年から植物を用いた「植物地化学探査」を体系的に行なっているようです。植物による探査では「ヤブムラサキ」が金鉱床指示植物として有効であるといわれています。「葉の部分に多くの金を含有する」特性を持っているのが理由だそうです。
さて、これが「正しい金鉱の探し方」かどうかわかりませんが、源内も活用したであろう昔からの方法が最先端技術と並んで活用されているのは大変興味深いところです。

▼江戸時代の本草学者の使命感――源内思想の原点

源内だけにかぎりませんが、当時の本草家達は、「これまで海外にしかないと思われていたものも、日本各地の深山幽谷を尋ね求めればなきにしもあらず」と考えていました。この見解は日本の地質的な成立過程から考えても、妥当なものでしょう。源内は全国の本草学の心得のある人々の協力があれば、ほとんどのものは見つかると考えていたようで、これが彼の多彩な活動の原点、モチベーションになっていたのでしょう。

この発想は源内のイノベーターとしての使命感を、きわめて強くモチベートしたものと思われます。源内の生きた時代の歯がゆさが、彼の著作やいくつかの資料の中に生の声として残っています。以下、それらを少し紹介しましょう。

①「東都薬品会引き札」

これは源内自身が書いた「この会の趣旨は……」という内容として始まる「マニュフェスト」のようなものですが、下記のようなくだりがあります。

「大体、外国より渡らずとも日本産物にて事足りなん」。その主旨は「遠い諸外国の産物をわざわざありがたがって輸入しなくても、日本のなかの類似品をちゃんと探せば出そろう」ということですね。オランダ（西洋）の物産を詳しく書いた本をみても日本国内に同じようなものはたくさんある、それをここで実証しようというわけです。

②「陶芸工夫書」

これも源内自身の筆による提案書です（詳細は6章参照）。彼は陶器については、幼少からプロ級だったといわれていますので長崎で見聞したことにはショックを受けたようです。西洋や唐の陶磁器が非常に高価であるにもかかわらず、日本の大名や商人がどんどん輸入している一方で、日本の伊万里、唐津焼きなども西洋に輸出されているのです。

「我が国の焼き物を天草の土でもって作れば、外国産や中国産とかわらない」

国内で工夫すれば輸入など必要ないし、既存の技術を使って絵柄を工夫すれば、（大名の間で源内焼きが外国産と思われていることもあり）輸入の必要はなくなると考えたのです。さらにこれを、どんどん諸外国へ輸出することを考えた提案です。

作陶は源内にとってもともと得意な分野であったので、ひいては実際にハイカラな絵柄と斬新な色をつかって実際に焼いたものが、後で述べる「源内焼」につながっているのは興味深いところです。

③『放屁論（ほうひろん）：後編』から

これは源内が晩年に書いた書物です。名前はふざけているように見えますが、彼の本音というか、心からの嘆きが記述されている本として、注目されます。

例えば羅紗（らしゃ）などの毛織物が海外から入って、長崎から金銀が多量に流出していることを嘆いています。非常に高価であり、入手もしにくい状況だったのです。

「我は綿羊を見て、日本にて羅紗、……毛氈類の毛織を織らせ。外国の渡りを待たず。用に給せんと心を砕き」という強烈なモチベーションが語られています。

幕府がその入手に必死の舶来芒硝はじめ各種の細工物の輸入にたよらなくても、自分らで出来るということを心から信じているのです。

平賀源内は、長崎で日本と海外の貿易事情を直接に触れて見たことで危機感を募らせたのです。本草学者がもっと頑張れば「海外に頼らなくても国産で事が足り」、長崎貿易による金銀の海外流出を阻止することができ、逆に「それを対外貿易品として輸出すれば国益にもなる」と思ったわけです。

コラム⑧ 平賀源内への批判的意見へのコメント（1） 科学者編

ここでは、平賀源内に対する、科学者失格、技術者失格、事業家失格、人間性失格などの批判的意見に対して、コラムとして順番に「イノベーター源内」を評価する視点からコメントしてみます（➡印）。

・専門性の欠如は学者として致命的。彼の興味が色々な分野に広がったので、結果を成していない

➡この時代の本草学者、博物学者は守備範囲が広いほど、良い学者であったはずです。

・オランダの品物の物まね、独創性がない、コピー学者

➡新しい知識や技術情報をいち早く取り入れるのは、科学技術者の基本姿勢であるといえるでしょう。原理の推定を含めてまずは学ぶことをコピーと呼ぶのはあまりに短絡的ではないでしょうか。

・情報はタダ、知的財産権意識のなさで、盗まれてしまう

➡当時の知財意識は世界的に特許法が確立していない状態（英国が１６２４年、米国が１７９０年、フランスが１７９１年、ドイツが１８７７年、日本は１８８５年です）。時代背

景を考えるとあまりにも現在からの視点といえます）。

・語学力がなく、西洋事情の吸収ができない。このため得たものは小物だけ、役立たないものしかゲットできない

➡語学力があることが、独創的な学者の基本との意見は短絡的すぎるのではないでしょうか。この時代、語学教育などが専門的になっているわけではなく、通訳だけでも特殊技能、能力でした。語学をきちんとマスターできないから欠陥人間視するのは、あまりにも狭い視点でしょう。

・良い師匠がいない

➡当時の源内の師匠は、江戸では本草学の大家、田村藍水など当代一流の師匠といえるのではないでしょうか？

第4章　発明家、エンジニアとしての源内
――イノベーターの条件3

本章では、イノベーターの条件として三番目の発明家、エンジニア（技術者）としての源内について検討していきます。すなわち製品開発に、彼の試作力（工作型の創造系）や発明力、エンジニア能力がどのように発揮されたか検証してみましょう。

イノベーション・プロセスでの位置づけは、まだものになるかどうか不明な「開発ステージ」を中心にしたところです。第2章で述べた理科少年の分類でいうと「工作・製図型」の特徴とも重なり、これらは技術者の領域ともいえます。第4章の全体フローを図4―1に示してあります。

▼「発明」とは？

世の中の源内イメージの代名詞ともいえる「発明と技術」について考えてみましょう。平賀源内は本当の発明家かどうかという疑義が出されています。まずはそれに答えてみましょう。

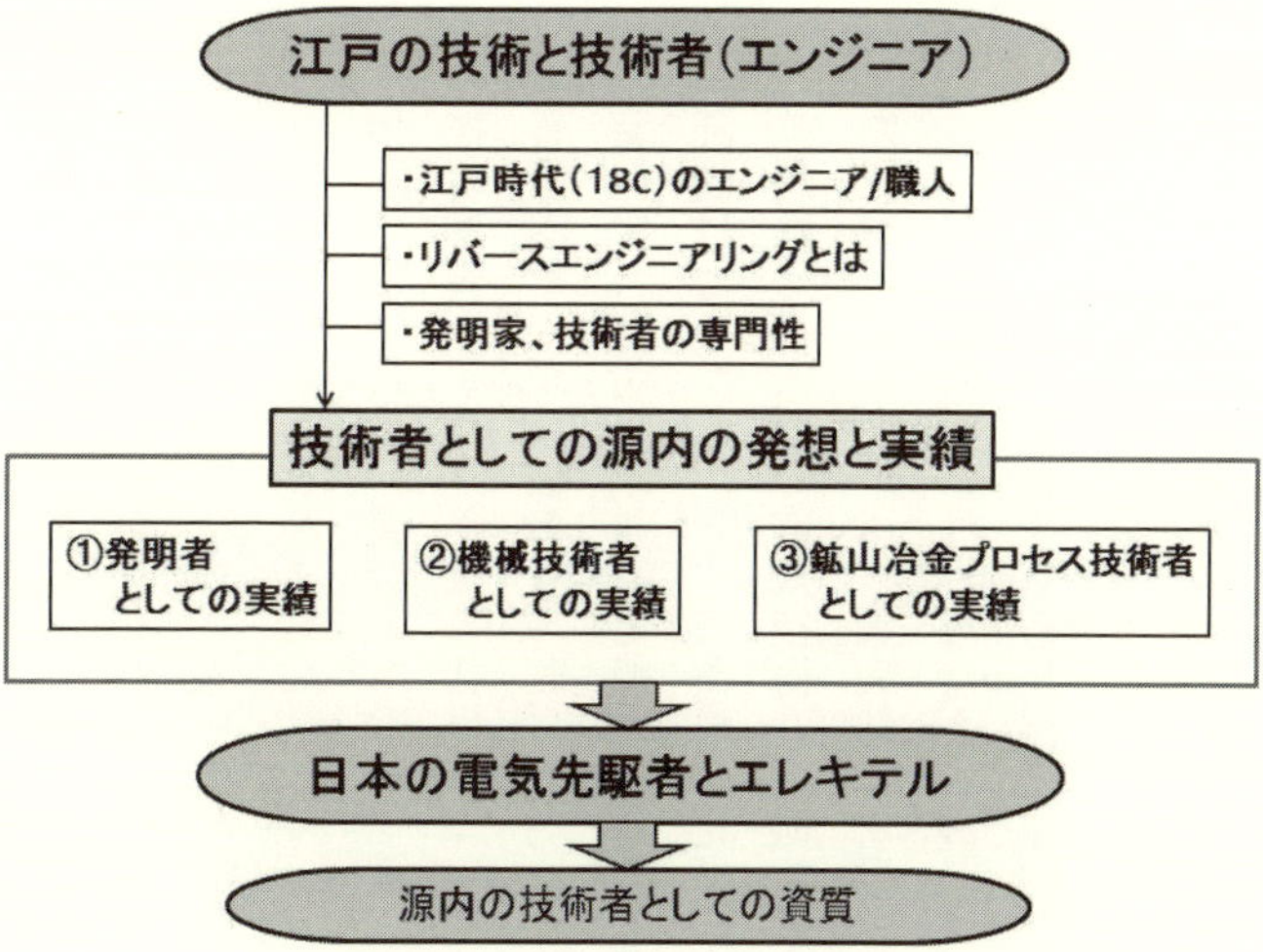

図4―1　イノベーターの条件3：エンジニア(技術者)の発想

「発明」とは「いままでに世の中になかった、新しい作品（モノ）を考え出すこと」、少し硬い特許法の条文には「発明とは、自然法則を利用した技術的思想の創作のうち高度のものをいい、今まで現存しなかった物を、個人等の創意工夫で現実の物として生み出し、公に周知したもので、特許権として法的保護を得ることができるもの」となっています。（特許法第2条）

余談ですが、第2章で述べた「発見」とは、既に現存してはいるが未だ認知されてなかったものを最初に認知することで、「単なる事実行為」で法的保護の対象にはならないものをいいます。

もちろん発明と発見のどちらに価値があるかという話は別です。モノの価値とはその時の世の中がほしがっているものをいい、それはまた地域（国）や時代の背景にもよって異なるからです。

18世紀の江戸の職人と源内の先見性

江戸時代の科学技術のレベルは、一般的には鎖国のために西欧諸国の産業革命に遅れてしまったといわれています。しかしながら、冷静にかつプラス思考で考えてみると、その期間は別に進化が止まっていたわけではなく、限られた情報のなかでの日本独自の進化、深化がなされていたといったほうがいいのかもしれません。

江戸期の科学技術の再評価も今後必要になるかもしれませんが、ここでは平賀源内を含めた何人かの技術者の1700年代の仕事について述べてみましょう。

平賀源内ですが、彼のもっとも有名な仕事は、壊れたオランダ製の「エレキテル」という静電気発生装置を、苦労の末単なる修理ではなく復元させていることでしょう。これは科学技術という面での評価はともかく、日本における電気の最初のハンドリングに相当するからです。この作業により、源内は日本人初の電気技術者（研究者）との評価を得ています。

また一説によると彼は、長火鉢にかけられた重いはずの土瓶の蓋が水蒸気で持ち上がっているのを見て「蒸気の力」に注目したといわれています。しかし本書でもいくつか述べるように源内に関する伝説的なものも数多くあり、具体的な品物や書き物が残っていないものは話の紹介だけにとどめます。

源内のあとの電気関係者としては、オランダの百科辞典を参考に1849年に電信機を自作した佐久間象山（1811-1864）が知られていますが、100年近くの間が空いていることを考えると源内の先見性がわかります。

一方では、現代の日本の得意技といわれるロボットの元祖ともいうべき数々のカラクリ人形も江戸時代に作られています。「からくり儀右衛門」と呼ばれ東芝の祖となった田中久重（1799-1881）が有名です。カラクリの元としては南蛮渡来の「螺旋ねじ」がきっかけといわれますが、日本ではこれを要素技術として各種のカラクリ人形まで応用発展させているのです。日本の技術系の職人たちの知恵が伝わってきます。

日本初の測量地図を作ったのは伊能忠敬（1745-1818）ですが、これは彼自身の実測によって作製された非常に正確なものです。これには西洋の各国も日本の技術の高さにびっくりしたようです。また江戸末期には黒船を繰ってペリーが蒸気船で浦賀にやってきたのですが、この蒸気船を見た3人の藩主は即座に自分の藩で蒸気船を造らせました。現実に佐賀と宇和島、薩摩では、3艘の船が出来たそうです。

このように見ていくと、江戸時代の科学技術の歴史や蓄積の技術遺産なくして、明治維新もその後の日本の発展もなかったのです。産業革命には遅れましたが各種の蓄積はできていた上の文明開化、殖産興業、富国強兵などだったといってもいいでしょう。源内の活躍した時期はその先駆けの年代であり、この意味でも源内はもちろんのことこれらの人々は江戸のイノベーターといってもいいかと思います。

▼リバース・エンジニアリングと源内

試作エンジニアのなかでも、すでにできている（完成している）ものを、分解調査して、その国や土地に合ったものに改良していくという技術があります。これをリバース・エンジニアリング、この専門家をリバース・エンジニアまたは模倣技術者と呼ぶこともあります。

今の世の中でも、先進製品や商品を分解して、中を調べるというリバース・エンジニアリングはごく普通に行なわれており、これも技術者の重要な仕事の一つです。ただこの仕事には「模倣」という良くないイメージがあり、源内について単なる模倣技術者という声も存在します。はたして平賀源内の実際はどうであったのでしょうか？　その点を検討してみましょう。

明治維新後、日本は産業革命を先に成し遂げた欧米の列強に追いつくため、このリバース・エンジニアリングの力を発揮しました。また、第二次大戦の終戦後にも日本の得意技といわれたこともありました。もちろん、真似をしただけでは似たようなものができるが本物には追い付かないのが普通です。しかし日本でやってきたリバース・エンジニアリングは改良を加えていきながら、もともとのモノをさらによくするものでした。オリジナル以上のものをつくったのですから、模倣を超えた素晴らしいエンジニアリング能力といっていいでしょう。

視点を変えて、それでも源内の成果を単なる模倣・コピーというならば、なぜこの時代に源内だけが、いわゆるコピー品をつくることができたのかを考えてみればいいのです。科学技術は積み重ねであり、みな元ネタがあり、それを多かれ少なかれ模倣（＝見方によってはコピー）による復元と改良になるわけです。

源内は、基礎力としての技術力を充分にもち、そのメカニズムや原理を理解しながら、リバース・エンジニアリングをきわめてうまく使って成し遂げた優れた発明家であり、技術者だったといえます。特にエレキテルなどは、日本の湿った気候のなかで、火花を飛ばすことができたということは、本物よりも工夫が重ねられていたと推定される優れものです。まさに発明だったといえるでしょう。最近のデジタル化の進化によるデジタルデータの丸写しではできないアナログの時代のリバース・エンジニアリングは、本物よりも劣った能力のエンジニアの技術では元をこえるものはできません。今の時代の「リバース・エンジニアリング」とはかなり別物といえそうです。

▼源内の技術者としての専門性

源内の技術者としての専門性についてみていきましょう。現代のエンジニアは、電気技術者、機械技術者、鉱山技術者、化学技術者、制御技術者など専門分化して語られることが多いのです。しかし電気などというものがまだない江戸時代の技術者には、その分類はあてはまらないことに気づかれるでしょう。人間というのはそもそも総合的な立場でいろいろと物作り／もの造りをしてきたのですから。

とはいいつつ少し専門分野の視点で分析してみましょう。まずは彼の機械的（カラクリ）能力はどちらかというと、子どものころからの「おみき天神」に表わされているような器用さからきているのかもしれません。鉱物学、冶金的な専門知識と能力は、長崎遊学のときの外来知識の成果といわれますが、もともと本草学には岩石や鉱石の基本知識は含まれているので、今で考えるほど本草の知識体系とは遠いものではありません。

また、彼は幼少のときから焼き物、陶磁器の知識が豊富にあり、その土を鑑定することには長けていたのです。化学的知識についても同様で、各種鉱物鉱石、さらに薬草をはじめとする植物の活用などに関する技術は化学プロセス技術そのものです。そしてそれは冶金製錬プロセスにもつながるのです。

建築・土木的な専門知識は、西洋の測長器具の試作、研究によるものかと思われますし、それを鉱山開発などで応用しながら磨いていったものでしょう。電気技術については、まだ電気という概念がない時代、まさに先駆的な電気技術者のはしりといえるでしょう。技術のなかでも、単に技術要素がわかっているだけでなく、その役割、機能、コンセプトを理解する力が抜群に強いということを示しています。

その原点には、当時のオランダなどの西洋の技術や製品の内容を理解したうえで、わが国にある材料や技術をそれに組み合わせてみるという柔軟な発想がありました。その発想によって各種測量・測定器具、陶磁器、金唐革紙などを実際につくって証明してみせたのです。

▼発明家、エンジニアの実績（1）オリジナル工作物の発明・試作

源内が好奇心のままに、発明・創作した工作物等といわれるものをここで紹介します。平賀源内の工夫は、量程器、磁針器、平線儀、オルゴール、火浣布、寒暖計、水銀鏡、飛行船、顕微鏡、懐中電灯、良質砂糖、銅版画などと多数挙げられていますが、現物として残っているものは少なく、考案だけのものや伝説品もあるようです。

「お神酒天神」掛け軸に細工をして「赤くなるお神酒天神」

まずは、すでに第2章の理科少年のところで述べた御神酒天神《おみきてんじん》のからくりです（図2―4）。これはお酒をそなえると、掛け軸のなかの天神様の顔が赤くかわるというもの。これは発明家の練習台としておきましょう。

竹トンボの発明者、史上初のプロペラ

竹とんぼは竹と小刀があれば細工ができて遊べるすぐれものです。源内が発明したといわれてますが、もちろんはっきりとした起源や記録は残っておらず解明もされていません。一説には12歳のころとも、そのあとの大人になってから作ったともいわれています。名前の由来としては竹で小さな棒が飛ぶことから、「竹トンボウ（飛ん坊）」とか「竹トンボ（蜻蛉）」と呼ばれるようになった

とのことです。

大型風船（熱気球、飛行船）の試作

源内の発明は原理＋αといわれています。その＋αのベースには、日本特有の紙、丈夫な和紙の技術があったのです。今でもその原型を源内が指導したとして秋田の上桧木内地区での紙風船上げが伝統行事になっています。

和紙をベースにした熱気球ですが、毎年2月に雪のなかでたいまつの炎で加熱されながら夜空に舞うという幻想的な光景です。雪のシーズンはとても寒いという人には記念館があって、年がら年中実物を見ることができますのでご安心ください（図4―2）。

最初、風船は小さかったのでしょうが、だんだん巨大化し、この地方の伝統行事となったようです。紙風船上げ行事の由来を書き溜めたものはないのです。伝説では、江戸時代に源内が阿仁銅山の技術指導に訪れた際に遊びとして伝えたともいわれています。現在は源内が指導したといわれる秋田の院内銀山と阿仁銅山を結ぶ街道を地元では「源内街道」と呼び、源内はしっかりと一つの伝説になっています。

ライター

安永元（1772）年、源内はゼンマイを使用することを思いつき、火打石と鉄を用いたもぐさや煙草用の点火器を発明しました。「刻みたばこ用点火器」で、これは日本最初のライターといわれています。まずはゼンマイバネを使用して火打石に鉄をぶつけます。図4―3に示したように、内蔵された「もぐさ」に火打石と鉄片とのぶつかる時の火花を飛ばし着火させる方式です。

余談ですがいわゆるライターの世界的な発明は意外に新しく、源内から150年後の明治39（1906）年に、ミッシュメタルと呼ばれる鉄とセリウムの合金が火打石よりも強い火花をだすことをオーストリアの化学者が発見し、発火石として使用しました。このときの火花をアルコールや油系の発火性の液体をしみこませた木綿や縄の灯芯に点火するようにしたのが今日のライターの原型といわれています。たしかに原理は源内発明品といっしょですね。

▼発明家、エンジニアの実績(2)試作エンジニア、改良エンジニア

この時代、中国や西洋からは多くの舶来機器が長崎から持ち込まれました。それを源内は集めて、

図４―２　大型紙風船の実物（秋田の風船展示館）

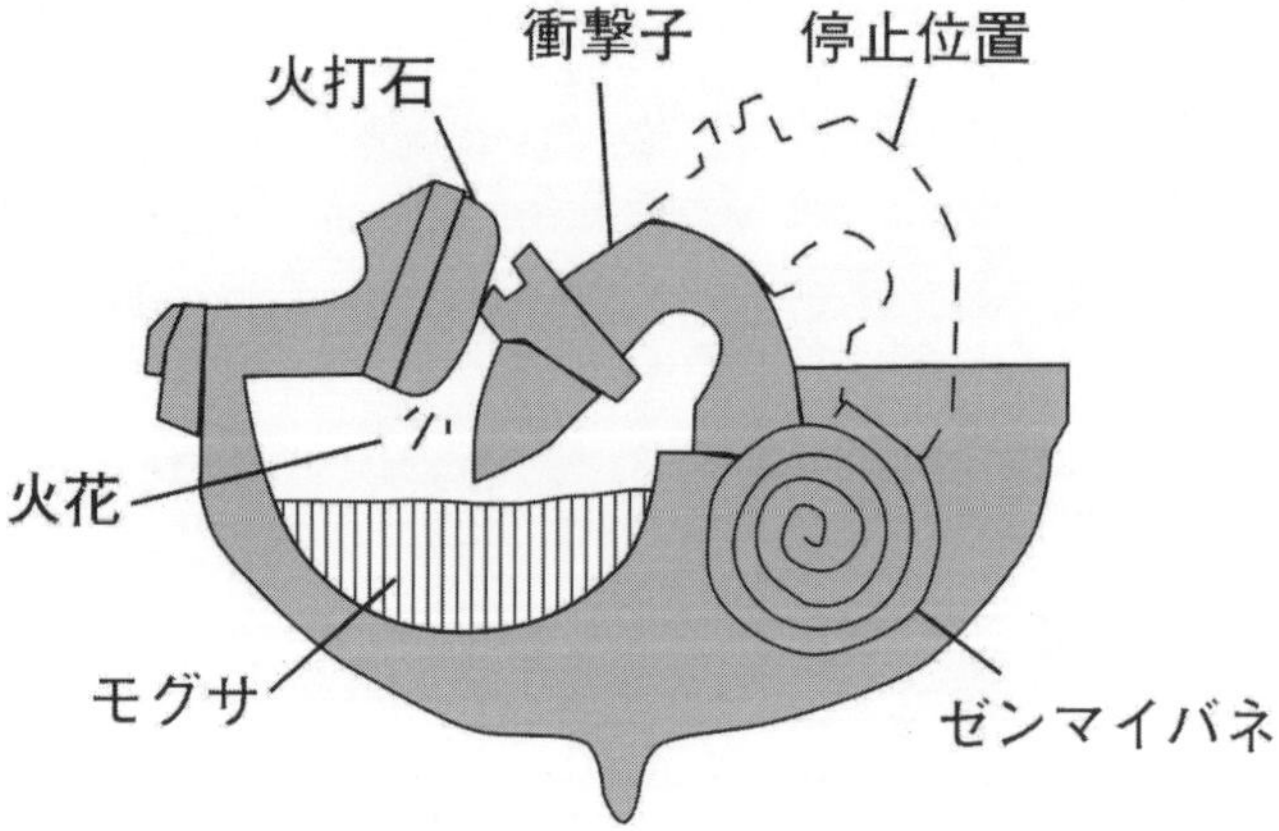

図４―３　日本初のライター：自動もぐさ点火器のメカニズムのイラスト

触って、見て、分解してみたようです。ここで源内の試作・改良・復元品について検証しましょう。オリジナルを見たかどうかは関係なく、彼の独自の才能によって、それらの機器が日本の地で復元・作成され、花開きました。それによって、その後の日本の技術や工夫品の可能性が拓かれたのです。

源内は測量関係機器をいくつか独自に製作したといわれています。その内容は万歩計ともいえる「量程器」、方位を決める磁石を用いた「磁針器」、水平を出す「平線儀」などがありますが、少し紹介してみましょう。

「量程器《りょうていき》」

宝暦5（1755）年、28歳のとき源内は量程器を独力で制作することに成功しました。現在では万歩計などとも呼ばれるもので、長崎遊学で得た知識をもとに、腕時計の自動巻きなどと同じ原理で一歩ずつの振動を歯車でカウントするものです。

量程器は人に「作った」と自慢した形跡がないともいわれています。もしや本人は失敗したと考えていたのか、さらに良いものを作ろうと思っていたのか、はたまた忘れていたのか真相は不明です。実物オリジナルは香川県坂出市の鎌田共済会郷土博物館に存在します（図4－4）が、分解して調べた例はないようです。

余談ですが、その後、江戸時代後期には伊能忠敬が日本地図の作成用に「量程車」という計測器と「歩度計」という歩数計を使用しました。源内の量程器が使われたかどうかは定かではありませ

図4—4　現在の万歩計とでもいうべき平賀源内作の量程器

図4—5　磁針計(磁針器、磁針箱)の再現品(平賀源内記念館)

んが日本の技術は相当なものだったのでしょう。

磁針計(磁針器、磁針箱)

磁界の方向を指し示す針状の方位磁石といってよいでしょう。簡単なメカニズムは中央に支点を置いて、水平に自由に回転する磁石の動きによって方位を知るのです。現在の羅針盤ともいえ、測量するときの基本になる南北の方位を知る装置です(図4-5)。量程器と同様に、宝暦5年、高松藩家老の木村李明にたのまれて作ったとされています。磁針器も、金銭を目的にしたものというよりは、信頼関係をもとにした藩へのプレゼントらしかったのです。

平線儀《へいせんぎ》

「平線儀」と呼ばれる水平を出す測量用器具を35歳(宝暦13[1763]年)のときに作り、これも当時の高松藩家老の木村李明に渡したといわれます。明確に作成日時が源内の銘とともに記された写真が残っています。写真があるので比較的検証しやすいのですが、実物は第二次世界大戦の高松空襲で焼けてしまったという代物です(図4-6)。

原型は源内が生み出したものか、長崎や蘭書からヒントを得たものかはわかりませんが、いずれにせよその源内作の平線儀をもとに、70年以上たった1840年ごろ、高松藩の天才技術者と呼ばれた久米栄左衛門《くめえいざえもん》が引き継いで制作したものが残っています。いわゆる測量器具の一種

図４―６　源内の平線儀の残っている写真（平賀源内全集）

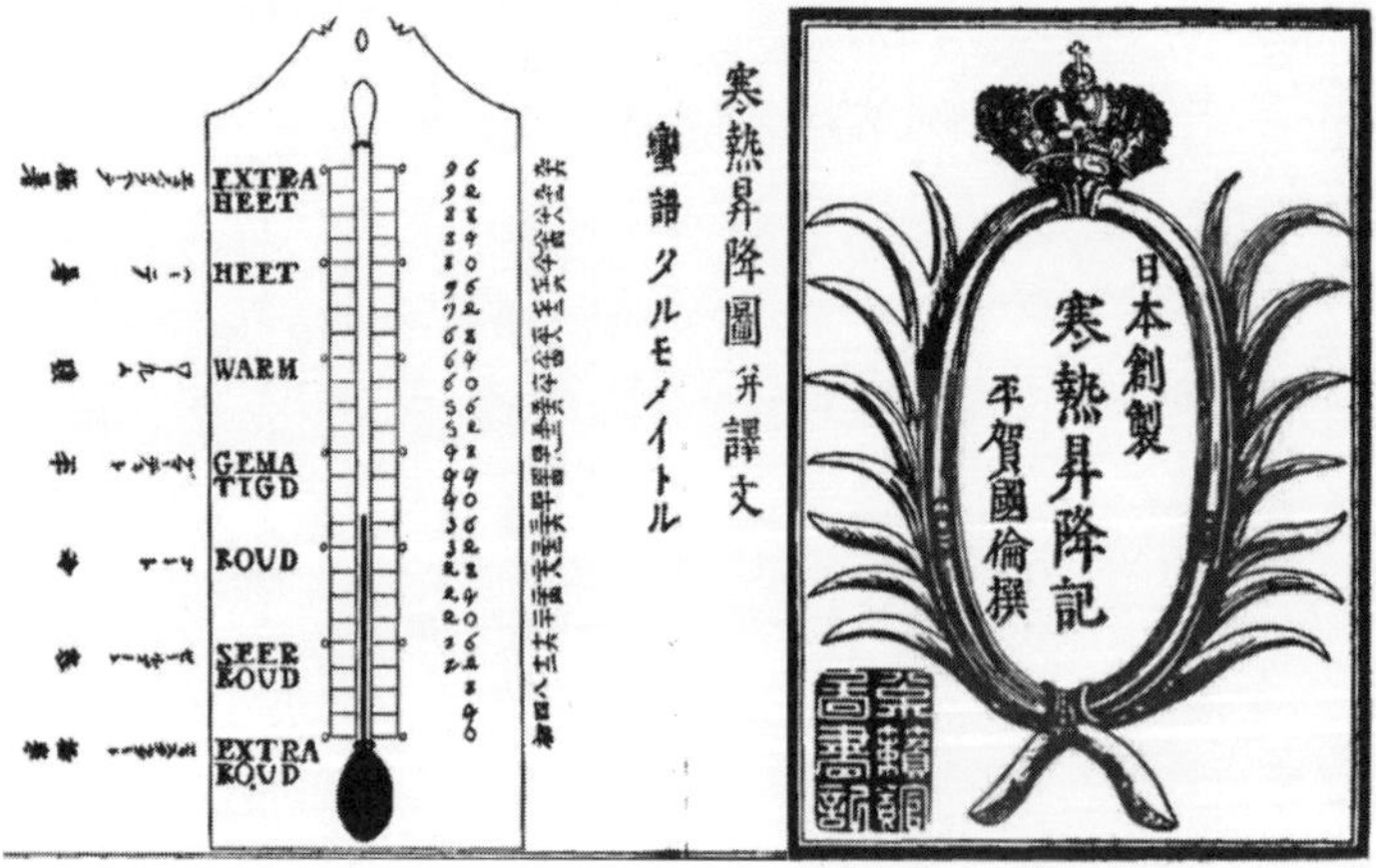

図４―７　源内によるタルモメイトルの解説書から（平賀源内全集）

で、細長い台座の中ほどに柱を垂直に立てた作りで、その上端の覆い金具を外すと内部の真鍮《しんちゅう》製の錘《おもり》が確認でき、いわゆる水平測量用のレベル合わせの器具となっています。

寒暖計、タルモメイトル(温度計)

明和5年(1768)年に源内が製作した温度計は、わが国初のものと考えられています。残念ながら解説書と図以外に現時点では原存する現物はなく、精度の検証は難しい状況です。当時は「タルモメイトル(寒熱昇降器)」と呼び、源内はオランダ製の寒暖計を見て、原理はすぐわかったようですが、簡単に作れると言ったものの、現実には完成までに3年ぐらいかかったようです(図4-7)。

ガラス管に薬品(アルコール)を入れ、華氏の温度目盛りを振ったもので、どのくらい正確な温度を測れたかどうかは不明ですが、これを解説書と一緒に知人に配布したといわれます。

▼発明家、エンジニアの実績(3)鉱山・冶金プロセス技術者

鉱物、採鉱・冶金技術のプロセス技術者としての平賀源内について述べてみましょう。源内が事実上主催した、わが国最初の博覧会の物品を整理した『物類品隲《ぶつるいひんしつ》』においても、その収録品の半分程度は植物以外となっています。これは、化学がまだまだ発達していないこの時代、本草学に鉱物が含まれているとはいっても例外的に多いようです。

源内は各種鉱物に異常ともいえるほど興味を持っていたこと理由の一つは、幼少のころの香川の陶器での修業（土いじり）に始まっています。

もう一つの大きな要素は、国の資源流出に対する危機感です。国内にないはずはない、見つけられれば金銀銅等の流出が防げるという意識が、収集に輪をかけたのでしょう。人類にとって当時の重要な薬のもとが、植物（薬草）と鉱物（自然鉱石）にあったからです。

ここでは各種鉱物を探索し、取り出すというプロセス、すなわち金属をベースにした鉱山・製錬（冶金）技術者としての源内について、スポットをあててみます。

秩父鉱山での活躍

もともと源内は早くから鉱山に興味を示していましたが、彼を本気で「鉱山技術者に」してしまったのは、物産会（5回）に秩父の中島利平から出品された石綿（アスベスト）だったと推定されます。この燃えない綿（麺とも表記されています）を見て、源内は中国の火ネズミの革、あるいは西洋の燃えない布と結びつけ興奮したのでしょう。

さっそく、秩父の出品者と連絡をとり、歩き回ったあげくに、宝暦14（1764）年秩父中津川村山中で石綿を発見した（再発見？）と伝えられます。源内はこれをもとに燃えない布地の開発に精をだすことになります（それについては次章「火浣布《かかんふ》」で詳述します）。

その過程で、古い金山の再発見を依頼されたのか、自分で言い出したのか不明ですが、いずれに

図4—8　秩父の中津川渓谷風景（2012年）

せよ源内は中島一族と組んで明和3（1766）年秋、金山事業に着手します。このとき、その前後関係は不明ですが、秩父の中津川渓谷一円で金銀銅の鉱脈や明礬、磁石（鉄鉱石）なども見つけています。

鉄山の開発・製錬コンサルタント

鉱山開発は、まずは古い金鉱山の再発掘だったようで、その第一は坑道の「水抜き」でした。鉱山技術者といっても源内の場合には、冶金技術というよりは土木、建築関係の知見が豊富なのでそちらから入ったようです。

最終的には、金（きん）の夢破れて次は鉄という具合に挑戦し、島根の石見から鉄の製造技術者を呼びます（当時の石見は「出羽（いずは）鋼」という、出雲に劣らず良質の砂鉄からのタタラぶきによる製鉄技術が発展していたところです）が、この地方の鉄鉱石の製錬には基本技術が違ったみたいでうまくいかなかった様子です。

結果として、当初は鉄銭鋳造の需要でビジネスも技術もうまくスタートしたようにみえたものの、段々と「吹方熟し申さず、行はれかね（溶解・鋳造の加熱技術が、未熟でうまくいかなかった）」と失敗に終わり、安永3年中には休山となったそうです。

これをもって源内の技術は未熟だったという短絡的な意見もあるようですが、本来鉱山開発は〝山師〟という言葉が示すとおり、専門家が行なっても当たるほうが珍しいといってもいいくらいなのです。技術者としての源内の仕事はきちんと評価することが必要でしょう。

▼日本各地の銀銅鉱山コンサルタントとしての源内

源内はその後も、古い鉱山の再利用の波に乗って「コンサルタント業務」を受注していきます。いずれの場合にも冶金・製錬技術者は別途手配して同行させていますし、専門家から金銀銅における灰ぶき法とか、鉄のたたら製鉄法については学んでいるので、一応のことはガイダンスできたものと考えられます。

以下は採鉱技術者と土木技術者としての源内の仕事ぶりに注目したものですが、彼の場合には土木技術者としての価値と比重が圧倒的に大きいと考えられます。その後の兵庫の多田銀銅山、秋田の阿仁、院内銀山にも、その水抜きの土木スキルがまずは買われたものと推定されます。

図4―9　多田銀銅山における源内の水抜き坑道

多田鉱山（摂津、今の兵庫県の銀、銅鉱山）と平賀源内

源内は明和8（1771）年から安永元（1772）年にかけての第2回長崎遊学の帰途、約1年程大坂に滞在し、摂津多田銀銅山（現・兵庫県猪名川町、秀吉の時代の御台所といわれた銀山）を再調査しました。秩父での金山、鉄山開発の経験（明和3年）を活かしたわけですが、「さてさておびただしき儀驚目（中略）水抜工夫いたし申し候」などと書いた書状などが残っており、坑道からの水抜きを工夫したといわれます。今でも源内が指導したといわれる水抜き穴、坑道が残っています（図4―9）。

また成果のほどは明確になっていませんが、大和吉野山、金峰山にかけて金の試掘を計画したという言い伝えも残っています。これらの経験が、のちの秋田での鉱山コンサルティングにつながるようです。

阿仁銅山(秋田)における銀絞り法

安永元（1772）年の摂津（多田）、奈良（吉野）での古い銀銅山へのコンサルティングに引き続いて安永2年、銅山経営に行き詰まった佐竹藩（秋田）から源内と石見銀山の鉱山士の吉田理兵衛が、同藩の阿仁鉱山に呼ばれます。

安永2年6月に江戸を出立し、途中の院内銀山などで産銅から銀絞りなどを指導したりして、阿仁銅山までは10月まで3カ月の行程だったようです。源内と吉田は、阿仁銅山の精錬法を聞き、灰吹き（金・銀絞り）をきちんと行なっていない秋田の製錬法の問題点を見抜き、このままでは銅のなかに金や銀が残されている可能性を指摘します。秋田の銅が大坂で珍重されるのはこのためであるとし、これをうまく回収することで莫大な利益が藩にもたらされると申言したようです。これを聞いた佐竹藩主は大喜びで彼らにさらなる指導を依頼し、報酬をだすことになります（図4―10）。

源内は「1年で2万両ばかりの国益」と豪語したようですが、それほど効果はなかったという話もありその真偽は不明です。秋田藩の資料には吉田は誠実であるため評判がよく、源内は天才肌で常人が近づきがたかったので評判がすこぶる悪かったとも記述されているようです。

しかしながら源内は、このとき鉱山指導にとどまらず、蘭画の指導を小田野直武に指導しています。結果的に秋田が西洋画の発祥の地（秋田蘭画）となったり、「水無焼き」という焼き物（現在

2枚の皿が現存）を指導したように、焼物にも新しい知識と知恵を与えたりしました。前述したように上桧木内では熱気球の原型である大型の風船の指導したり、今でも「源内街道」といわれているように、後世までいろいろと足跡を残しています。

院内銀山（秋田）と平賀源内

秋田の院内銀山（現・秋田県雄勝郡雄勝町）は、日本でも屈指の銀山として有名でした。江戸時代の鉱山技術を知るうえで貴重な文献である『鉱山至宝要録』には、安永2（1773）年に、「江戸から当地（院内）に源内らが訪れて数日逗留し、鉱石の採掘法・製錬法などを伝授していった」という意の覚書が残されています。

院内銀山は文化14（1817）年に秋田藩直営の鉱山となって、天保年間（1830～1843）から明治時代まで豊富な銀を産出して好況を呈しました。平賀源内のアドバイスがのちに生かされたのか、その効果のほどは不明です。

いずれにせよ院内銀山はその後、島根の石見銀山に匹敵する銀を産出し歴史に名を残すことになります。鉱山博物館の展示のなかに、御雇外国人の何人かのお名前と一緒に、平賀源内のコーナーが設けられています（図4―11）。

鉱山技術者としての源内の活動は、その他に鉄製錬関係の働きもあります。これは純粋な技術者というよりは、事業のための経営的なマネジメントが主であるようでそれは5章に述べます。また

図４－１０　阿仁銅山の博物館と源内のコーナー

図４－１１　院内銀山記念館と源内のコーナー

すでに3章で述べたように、仙台藩依頼による、仙人山（現岩手県）での亜鉛鉱の発見も最晩年（安永8［1779］年）の仕事です。

▼日本最初の電気技術者とエレキテル修復・復元

平賀源内の技術者としての仕事のなかで「エレキテル」の復元は大変有名です。なぜそう有名なのか、技術の視点から追いかけてみましょう。まずは当時、世界でも知られていなかった電気という概念に果敢に挑戦し、日本初の電気を起こすことに成功したパイオニアとしてのすごさです。

この時代の電気に関連した出来事をまとめてみます。その原理については、当時電気の概念がなかったので、源内自身はもとより、だれもよくわかっていなかったのでしょう。時代背景としては当時の西洋でもまだ電気は黎明期でした。ライデン瓶とよばれる静電気の蓄電器ができたのが1745年、ボルタの電池は1799年です。源内の修復は1776年なので、世界でもまさに黎明期の時代に重なります。

安永5（1776）年11月、源内は日本初の発電器「エレキテル」（摩擦静電気発生装置）を完成します。東京深川には平賀源内の電気実験の地として記念碑がたち、日本における電気実験発祥の地として名高いのです。

源内の技術者としての成果は、エレキテルという原理不明の機器を独力で修復し、西洋よりも条件の悪い日本で見事に復元（修復ではなく復元）したことにあります。まさにこれは、技術者とし

図4―12　日本で最初に復元されたエレキテル（平賀源内全集）

て天才的な才能を発揮したものです（そのほかにこの箱を用いてビジネスに挑戦したという興行師の面もありますが、これは次章に譲ります）。ここではその経緯を詳述します。

そもそものエレキテルの装置の入手の機会は、源内の44歳のとき2回目の長崎訪問だといわれています。オランダ通詞・西善三郎の遺族から壊れたオランダ製のエレキテルを受け取ったものを、長年（7年後）かけて修復、または復元したといわれています。

現存する2台のエレキテル（図4―12）は、志度（平賀源内先生遺品館）と東京（逓信総合博物館（重要文化財、展示品は複製品）にあります。これらを検証してみると、単なる復元ではなく、蓄電装置・摩擦装置など構造にも独自の工夫が随所にみられ、7年の試行錯誤の跡がみられます。

現存し、よく知られている白い花柄のお化粧箱は、逓信博物館蔵のものです。営業用（見世物用）に作ったものでかなり大きく、大型のコンデンサを内蔵しており、日本の湿度と考慮すると、そう簡単な構造のものではなく、新たな発明・発見の品物ともいえるかもしれません。

志度のものは塗りのない白木造りの素朴なもので、こちらが先に作られたといわれますが、現存する2台は両方とも「日本の」松の木でできていることから、修復ではなく完全に「復元」品なのです。

発明家、エンジニアの資質のまとめ

これまでの江戸の科学技術、エンジニア（技術者）の特性・資質から平賀源内の専門性とエンジニアとしての特性が見えてきたかと思います。少し整理してさらに考察してみましょう。

まず、いえることは彼の行動と成果（業績）はまさに典型的なエンジニアそのものであることです。では源内のなかのエンジニアの資質とは何か。欧州の製品、技術製品を見ただけで、それを基本にしたものを作り上げる能力は、特異な技術的才能といってもよいでしょう。

江戸時代のリバース・エンジニアリングは実は、そう簡単ではありません。いろいろな基本要素部材そのものが物流的に手に入りにくいわけですし、当時はアナログの世界だからです。問題はいかに現物のデータや分析をもとにして自ら試作開発を進めて、求める機能をより正確に見つけるかです。また場合によっては、元のものより上回って出せるかということが、エンジニアの仕事として問われるのです。その面での源内の仕事はまさにエンジニアの立派な能力・仕事といえます。いずれにせよ源内は、発見も得意、発明も技術も得意なマルチ人間であることは間違いありませんね。

コラム⑨　平賀源内への批判的意見へのコメント（2）　技術者編

平賀源内が発明家、技術者としてどのような位置づけにあるのかを検証するのが、4章の役割でした。世の中にある源内批判の内容と著者の反論を整理して並べてみましょう（⬇印）。

・一発狙いの町の発明家

⬇これは今でも使われる市井の発明家に対する蔑称ですが、幕府とか藩、大企業などの組織に属していないことからくるものです。この反対は大きな組織の一発も狙えない人からでしょう。たぶんそれらに属している人からのやっかみの言葉だと思われます。

・好事家ごのみの職人芸で、みようみまねで精度はないガラクタ

⬇たぶん温度計や万歩計、磁針器などについて伝聞で決めつけたかもしれません。源内の仕事はマニュアルがなくても、部品が足らなくても自分で作ってしまってちゃんと機能させると

いう、これは復元を超えた才能といえるでしょう。もちろん現存する各種機器について、きちんと調べ、一度きちんと検証が必要でしょう。

・オランダの技術の模倣

⬇批判的な学者によると、技術的な展開が見られないといわれること、修理や復元で終わっていることが物足りないようです。エレキテルの修理などのことでしょうか、修理や復元は技術者の大切な仕事です

第5章 起業家・アントレプルナーとしての源内
――イノベーターの条件4

本章では、源内のイノベーター能力の本丸である起業能力と事業展開力を取り上げます。イノベーターの条件として重要な「新しい事業の展開力」＝「顧客価値を見つけビジネスを立ち上げる能力」（条件4）です。源内が常に発揮したとされる「起業家精神（アントレプルナーシップ）」、市場や顧客を喜ばす力（マーケット志向、社会志向）を検証します。

源内が始めたといわれる各種の事業は、その成果の程度はいろいろですが、なにはともあれ現代に繋がっているものが多いのは驚異的といえます。ただ、事業を完成させ本当に儲かったか（事業家能力）という面では、源内が生きている間だけではほとんどすべてが疑問です。このような点から事業の安定化（大企業化）ができなかった源内はダメな実業家であるという論評もありますが、それは今日の尺度での評価が入り混じっていないでしょうか。江戸時代の製造業としては、もちろん大企業はありませんし、個人企業（製造業）も職人的なものに限定されていました。そういう時

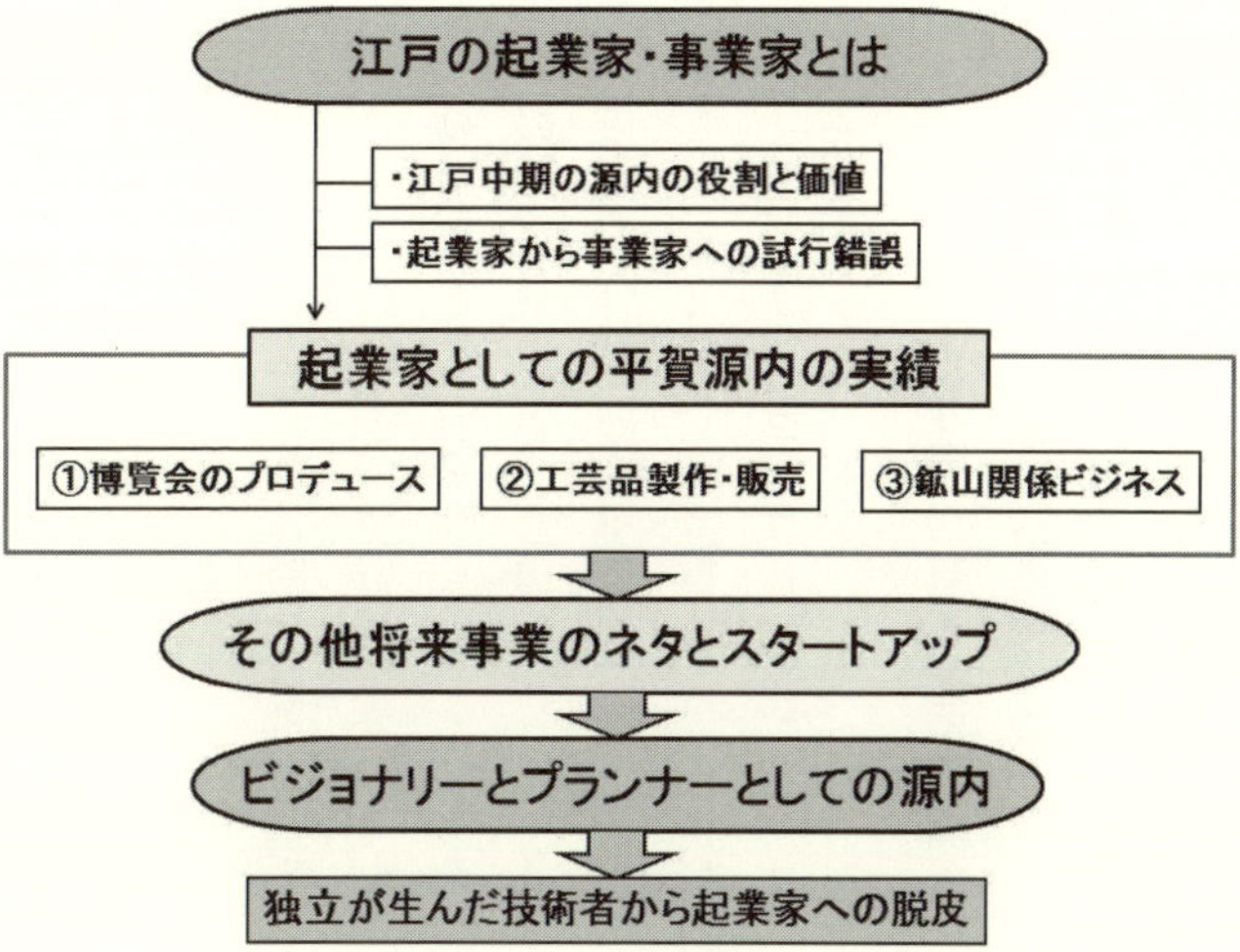

図5―1　イノベーターの条件（4）：起業家、アントレプルナーの発想

代背景において、源内が各種新事業の試みを始め、残っているのは時代の先端であったことを証明していますし、それがイノベーターの役目だったのです。

図5―1にイノベーターの条件4、起業家・アントレプルナーとしての役割を検討した本章のスキームを示してみました。

▼江戸の起業家・事業家とは――源内の時代のビジネスのしくみ

源内が主に活動した時代は江戸時代半ばを過ぎたころ（18世紀中盤が中心）です。明治維新まであと100年の時代で、田沼意次が老中として台頭し活躍した時期です。この時代、商品経済が拡大する中、石高経済が限界化し、農業生産を補完する新たな産業の振興や鉱山の再開発が緊急の課題となった時期に相当します。

当時はいまの日本からは想像できないかもしれませんが、日本は金銀銅をはじめとする原料・資源の世界的輸出国だったのです。しかし、資源の枯渇が見え、人口も急激に増大し、日本自体が新規事業による付加価値増大（たとえば食糧、薬品、陶磁器、などの加工製品の国産化）を目指す殖産興業が重要になっていました。

このため、幕府の具体的な施策として鉱山の再開発と鉱物資源（銅、銀、鉄、亜鉛、ミョウバンほか）の流通統制がなされつつありました。鎖国中とはいえ、急速に発展してきた蘭学を応用して、あらゆる輸入品を国産化することに努めはじめていたのです。

この時代背景において田沼の目に、各種知識と知恵をもつ本草学（博物学）者の平賀源内は、まさに最適の人材（殖産事業のスターター）と映ったのに違いないのです。さらにいうと所属藩の制約もなく、幕府として遊軍的な（正式契約はできない［しなくてもよい］）自由に使える貴重な存在として、源内は重宝されたのでしょう。

フリーになった源内の「新事業活動」内容

源内の脱藩後の事業活動関係のリストを以下に示します。

１７６２年　35歳　『東都薬品会』主催　１３００種の物産を集めた博覧会
１７６４年　37歳　防炎繊維で火浣布を作成し、幕府に献上。『火浣布略説』執筆
１７６７年　39歳　金山事業開始

1770年　43歳　数頭のヒツジを買い入れ、志度で羊毛を紡ぎ「国倫（くにとも）織」と名づける
1771年　44歳　源内焼展開。『陶器工夫書』執筆
1773年　46歳　鉄精錬事業開始
1774年　47歳　炭焼事業、荒川通船工事の指導
1775年　48歳　金唐革紙事業、根付などの細工物も含む商売
1776年　49歳　源内櫛事業
1777年　50歳　エレキテル興業

このほかに年代は特定できませんが、源内が始めたものには、香川県での産物になって今でも残っている砂糖作り、朝鮮人参などもあります。

田沼意次の改革とイノベーター源内

平賀源内の生涯（享保13［1728］年—安永8［1780］年）はまさに、田沼意次（享保4［1719］年—天明8［1788］年）との二人三脚の時代ともいえます。二人の存在を抜きにして、この時代は語れません。

田沼意次の財政改革は、当初は8代将軍徳川吉宗の改革から始まり、江戸時代中期に行なわれた在任期間の年号（享保）に由来した幕政改革です。内容は新しい産業を振興するのが至上命令とするもので、先例格式に捉われない改革として新しい発想や技術をとりいれようとしたものです。

もう少し具体的にいうと、田沼がまず取り組んだのは、鉱山の開発です。幕府は国内銅山の開発に取り組み、未採掘や休止中の銅山を調査して再操業するように各藩に命じています。源内は2度めの長崎行きで西欧の採鉱冶金技術を学んだとされています。その帰途、摂津多田の銀・銅山や大和吉野の調査や試掘を行ない、さらに秋田藩、仙台藩などから調査を依頼され、自らも秩父中津川の開発に関わりました。まさにこの幕府＝日本のニーズに合致していたわけです。

もう一つは、急速に発展してきた蘭学を応用して、輸入品を国産化することでした。ここでも博物学者の源内を起用して、下剤・利尿剤として用いる芒硝（硫酸ナトリウム）調査のため、伊豆半島へ派遣しています。

これらの成果は既に3章や4章で示してきましたが、源内の活躍の背景には、こうした田沼の意図や時代背景があったのです。

▼起業家としての源内の実績(1)技術ベース博覧会のプロデューサー

源内の起業家能力のうちのプロデューサー能力を示す例を挙げると、この時代に博覧会をゼロから立ち上げて、5回も連続して開催していることに代表されます。これは第3章で取り上げた本草学の基本とも重なりますが、ここでは起業家能力の一つとして取り上げてみます。

博覧会のプロデューサー機能としての博覧会の企画と実施

初めて江戸へ出た源内は、当時著名な本草学者だった田村藍水に入門します。そこで頭角をあらわした源内は、生来のアイデアマンぶりを発揮し始めます。

そのひとつが江戸にきて1年足らずで開催にこぎつけた薬品会だったのです。その第1回の開催は宝暦7（1757）年で、会主は師の藍水が務め、それまでの日本ではまったく行なわれたことのない規模の薬草・薬品に関する見本市となります。

源内の提案したこの博覧会は全国に物産を求め、本草学の研究はもとより、全国の珍しい物品を集め、病に苦しむ人々に効く薬（薬草、動物、鉱物など）を国内で比較・調達するための会合でもありました。源内は自らこれを短期間に企画・演出・運営してしまうのです。

これだけでもすごいプロデューサー能力といえますが、このような会合をそのあと4回も続けて実績を作り、回を追うごとに規模を大きくしていきます。

この薬品会を連続開催してきた背景には、源内の危機感があったのです。自然豊かな日本には、外国の珍しい物産と同じものや代替物が必ずや埋もれているにちがいない、という日ごろからの思いと確証があったといえます。それは、高価な輸入品を安く国産で代替できないか、またいち早く発見して国産化することで、外国への富の流出を減らし、国も豊かになるという国益（一石二鳥）の考え方でした。

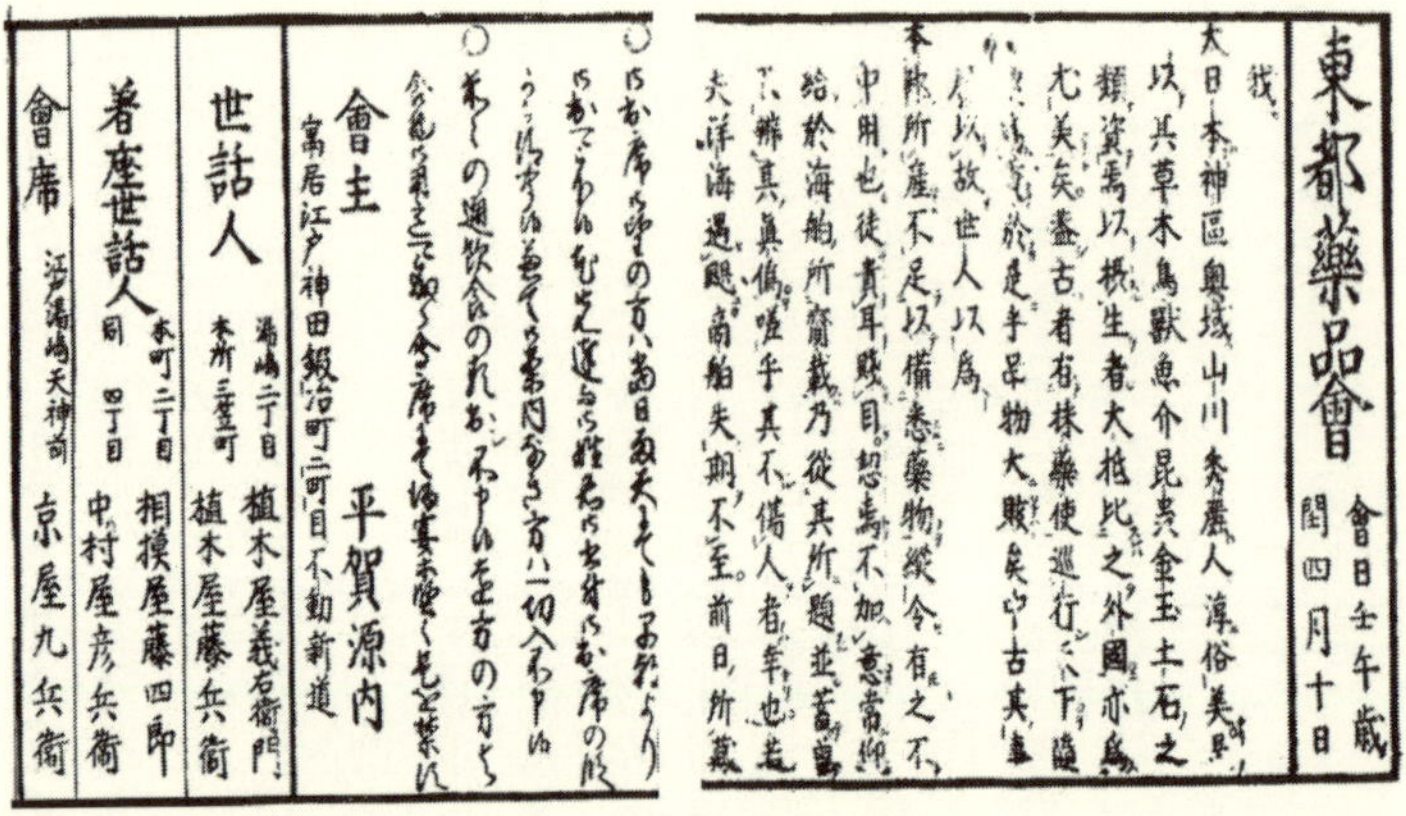
東都藥品會
會日壬午歳
閏四月十日
會主
寓居江戸神田鍛冶町二町目不動新道
平賀源内
世話人
湯嶋二丁目 植木屋義右衛門
本所三笠町 植木屋藤兵衛
着座世話人
本町二丁目 相模屋藤四郎
同 四丁目 中村屋彦兵衛
會席
江戸湯嶋天神前 京屋九兵衛

図5―2　『東都薬品会』の引札と呼ばれるＰＲチラシの一部（平賀源内全集）

源内の薬品会開催の成功の効果

この連続した薬品会の成功が藩からのリアクションを生みます。もとからの源内サポーターの高松の藩主でもある松平頼恭公は、江戸での源内の評判を聞き及んで、源内を再度召し抱え待遇も引き上げています。同時に相模湾や紀州海岸での貝の同伴採集を命じその記録などを作成させています。

しかし源内はどうしても藩の枠内にはとどまれなかったようで宝暦11（１７６１）年、彼は再び辞職を願い出ています。

ようやく自由の身になった源内が、満を持して開催したのが第５回薬品会「東都薬品会」になります。これは当時としては画期的な規模の物産展で、ほとんど日本初の博覧会と呼んでよいでしょう。

この意気込みと概要は、図５―２に開催の引札（PR文）となって残っていますが、これによると全国の一般の人から出品物を募集するために、日本中に出品物の取次所を設け、そこから江戸まで無料で確実に送り返送するシステムを構築しているという徹底ぶりです。

具体的に少しこの流通システムを紹介しましょう。まずは全国各地からできるだけ多くの物産を集めるために18国25箇所に物品の取次所を開設したのです。物品は江戸へ運賃着払いで送ればよく、安全で早期の返還を確約するなど細部にも出品者視点でのアイデアが満載されていました。これによって、従来の2倍近い1300品以上の優秀な物産品を一挙に集めることができたのです。まさに流通ビジネスの走りですね。

コラム⑩　薬品会の記録（180種から1300種の物産展示交換会へ）

第1回　1757（宝暦7）年　30歳　会主・田村藍水　湯島『京屋』　出展者20名　180種（実質は源内が全体をコーディネート）

第2回　1758（宝暦8）年　31歳　会主・田村藍水　神田・店不明　出展者36名　231種（実質は源内が全体をコーディネート）

第3回　1759（宝暦9）年　32歳　会主・平賀源内　湯島『京屋』　出展者34名　213種

第4回　1760（宝暦10）年　33歳　源内は高松で藩の作業中。会主・松田長元　市ヶ谷・店不明　出展者・出展数不明。源内が参加（出品）したかどうかも記録がなく不明。
第5回　1762（宝暦12）年　35歳『東都薬品会』　会主・平賀源内　湯島『京屋』　出展者数不明　1300種

ちなみに源内がかかわった大規模な博覧会は第5回の『東都薬品会』で最後でした。博覧会のあとの仕上げとして、彼は薬品会の成果を収めた全6巻の目録図書（図3―2）を発刊し、本草学者の面目躍如、名声をさらに高めることになったのです。薬品会はこの後も、藍水の一門で小規模に行なわれていたようです。

▼起業家としての源内の実績(2)新技術をもとにした商品展開――工芸品の製造・販売

これまで述べたように、学問や新技術の知識のある源内にとって、自ら創った各種の工芸品の価値を世の中に問うという起業家の試みは当然の流れになります。独立・自営している彼にはそこからの収入も当然魅力的だったでしょう。これはイノベーターのインセンティブとして当然のことになります。その内容（商品開発例）を個別に少し紹介してみましょう。

図5―3　源内焼（志度焼）（源内記念記念館）

源内焼（志度焼《しどやき》）

源内焼のルーツは平賀源内の幼少期にさかのぼります。知人の工房で修業をしていた若き源内は、焼き物のイロハとして、土の選定から混練、作陶、焼き方までのすべてを叩き込まれていました。そのような基礎を持ち、また当時の殖産の必要性を感じたなかで西洋にまけない日本製の陶器生産を提唱し、さらに海外への輸出販売までも視野に入れていたはずです。

このため自らの源内焼ではハイカラ色の釉薬のイメージとして中国の華南三彩《かなんさんさい》と類似の軟質の施釉陶器《せゆうとうき》を技術的に目指したようです。すなわち緑、褐、黄などの鮮やかな3色の発色を特徴とし、当時オランダから入手したであろう世界地図、日本地図や欧文文字などからとったと思われる斬新なデザインが多用されています。これらはすべて型を使って表わされ、量産化の工夫も試みられています（図5―3参照）。

一方で、中国や日本の絵画の画題なども取り入れ、これらは西洋への輸出を意図し東洋趣味を満足させようとしたのではないかと推測できます。いずれにせよ顧客価値を見据えたさまざまな創意工夫がある源内らしいものです。

源内焼については、現在では各地で特別展が開催され、再評価され始めています。稀少価値もあり結構な価格で取引されているようです。しかし、その窯の場所や規模、陶工と平賀源内の関わり方など、明らかになっていない部分が多くあり、解明はこれからの段階です。当時、源内焼きで大きな商売や販売、清算がなされたという記録はありませんが、いまだに異彩を放っている源内の作品として大変興味深いものです。

陶器と鞆《とも》の浦《うら》の源内生祠

平賀源内生祠というのが、広島・瀬戸内海に面する鞆（とも）の港を見下ろせる医王寺参道の途中にあります（図5―5）。このいわれを追ってみましょう。

1752（宝暦2）年、源内は長崎に遊学して故郷の讃岐への帰途、鞆の浦の溝川家所有地で陶土を発見し、そこの主人に陶器造りを伝授しました。彼は本気か冗談かは不明ですが、うまくいったら自分の生祠を作って祀れといったのだそうです。

実はその溝川家では、陶器造りはおこなわなかったのですが、源内の言葉で土の価値に気が付き、

図5—4　今でも鞆の浦に残っている源内生祠

鞆の津の伝統産業である鍛冶の火床や壁土の原料として、その陶土を販売し、しこたま儲けたようです。このため源内のおかげと、本当に割石を重ねたもので丸石を積み重ねた石塔＝生祠を建てたのです。そのようなことを言い残した源内もすごいですが、実際にその言葉を守って生祠を作った溝川家もすごいですね。

金唐革紙

「金唐革（きんからかわ）」と呼ばれる、金箔を施した革のエンボス型の細工をした壁装材は、17世紀の欧州を席捲《せっけん》したものです。日本では当時オランダから徳川幕府へ献上され、とにかく豪華で高価な輸入品（当時は海外全体を「唐（から）」と呼んだ）だったのでしょう。18世紀の半ばには、すでに煙草入れの素材といえば金唐革といわれていたようです。

この金唐の革壁装材に関して源内は、日本の特産物の和紙で同じものを作ることを考え出しています。金唐革紙《きんからかわし》なるものを試作したのがこれです。ある意味での革新的模倣で、日本の資源流出を避けるとともに一攫千金をも狙ったようです。

ここで注目すべきは、源内が「革」ではなく「和紙」にこだわったことです。当時は日本でも牛や馬も飼われていたので革の入手はそう難しいものではなかったのでしょうが、あえて源内は日本の特産である和紙を用いたのです。和紙をベースにして、文様は浮世絵の空摺りの技法をつかって漆仕立てにしたものだったと伝えられています。

ただこの金唐革紙は湿気にとても弱いものだったらしく、郷里の妹宛に出した手紙の中でも「金唐革並に下屋敷にて路方万々心当に致し候処、雨天続、革も一向出来ない」というように源内は苦労したようで、最終的に大掛かりな事業化、もしくは量産化には失敗したようです。しかし小物については煙草入れとして成功し、紙製の「偽」金唐革は、本物よりもかなりの安価であったようで、当時大流行し、煙草入れの大衆化の要因となったともいわれます。

現在でも時々展示会などがあり、また王子にある「紙の博物館」では明治時代の版木ロールでつくられた金唐革紙の作品（しおりなど）が販売されており、立体的で豪華なものになっており感触がわかります（図5—5）。

彼の発想は明治政府の「紙幣寮（しへいりょう）」と呼ぶ官営工場で受け継がれ、和紙を使った金唐革紙を完成させた明治時代には、この輸出で外貨を大いに稼いだといわれています。イノベー

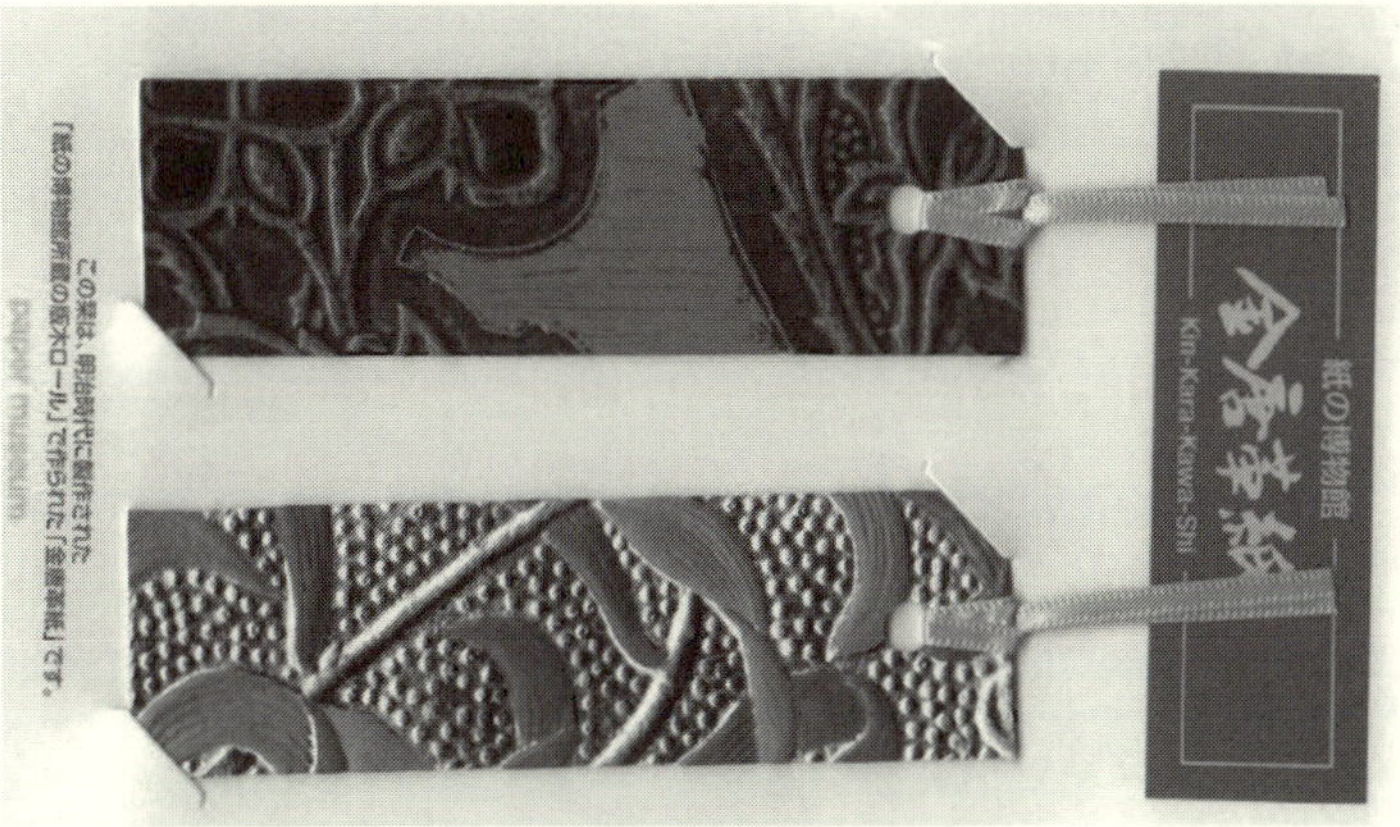

図５―５　金唐革紙の作品例（紙の博物館作成品）

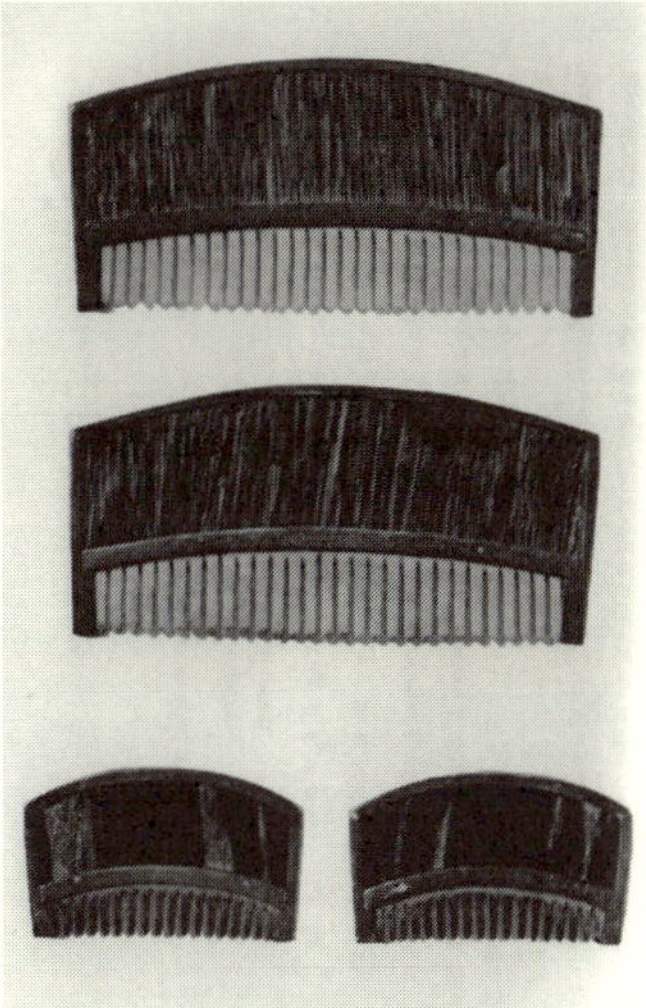

図５―６　源内櫛（菅原櫛）（平賀源内全集）

ター源内らしいお話ですね。

源内櫛（菅原櫛）の開発・製造販売

源内櫛（げんないぐし）は、源内の晩年にあたる49歳のとき（1776［安永5］年）に売り出されたという記録があります。もともとは菅原櫛（すがわらぐし）と呼ばれていたようです。菅原とは菅原道真に関わる梅鉢の紋様が装飾で付いており、たまたま平賀家の紋も梅鉢だったからだそうです。

図5―6にあるように高価な香木の伽羅の木を使い、金や銀輪のフレームを施したものです。絵模様を刻んで象牙やべっこうの歯をつけたものもあり、非常に贅沢な品でした。

ビジネスモデルとして、源内は当時の吉原一の売れっ妓おいらんにこれをプレゼントし髪に挿させて宣伝し、大評判になったと伝えられています（トップモデルを対象にしたPR作戦ですね）。余談ですが、本物はとても高価で手に入れにくい物なので、早速模造品が続々と作られ、「源内櫛」と呼ばれて江戸の町に流行したようです。

▼源内の「エレキテル」の興業事業

やっと復元したエレキテルは、もともとは医療用との触れ込みでオランダからもたらされました。源内自身もエレキテルは「静電気の火花によって病気を治す」装置であり、「効かなくても害はない」

とも言っていたのです。これをビジネスにするのは、源内の腕の見せどころで、彼のとった企画と行動は次のとおりです。現代の事業化手法であるハイテク製品の故の不安定さを、市場と技術からうまくカバーしている様子が明確で、新技術商品のマーケティングの考え方としても十分通じます。

A　新しい市場の開拓（ＰＲの工夫）

①見世物興業で宣伝要員を起用。エレキテルとしての認証度を高くするため、外側も華やかに色付けし、どれも同じ色と柄に統一する……新規の顧客へのＰＲ、マーケティングとともに顧客の認識度の向上を狙いました。

②白い絵の具で全体を塗り、阿蘭陀風の唐草と花をデザイン。陰と陽の印である♀と♂の記号を両端に描き入れたり、Mars. と Venus. という洋文字も併記し異国情緒漂う美しい調度品のように見せる……意匠（デザイン）重視、舶来イメージ重視、西洋権威の借用などをしました。

B　ハイテクの信頼性向上

①清澄町の官医・武田長春院の下屋敷を借り、学者や医師を集めて定期的に公開実験を行なう……官医の家での権威づけ、まずは高級顧客によるブランド化を行ないました。

②神田橋御部屋様ご見学の派手な様子を用いた話題作りをする……高額な参加費用にもかかわらず、申込者は殺到。宣伝用の象徴顧客をターゲッティングし、価格戦略はまずはニッチ狙いで高価にし

ました。

C　技術リスクのヘッジ

①御部屋様の気鬱の治療という名目からスタートする……ダメモト顧客への名目と実績のＰＲを行ないました。

②複数台数のエレキテルをつくることで公開実験時のトラブルを回避する。また、梅雨時に体験会をせずに（雨だとエレキは起きない）、夏も夕立の来た日は中止にする……頻繁に故障するのを防ぐために毎回メンテナンスができるように準備。また、条件のわるいときは行なわないようにして、技術のリスクヘッジを行ないました。

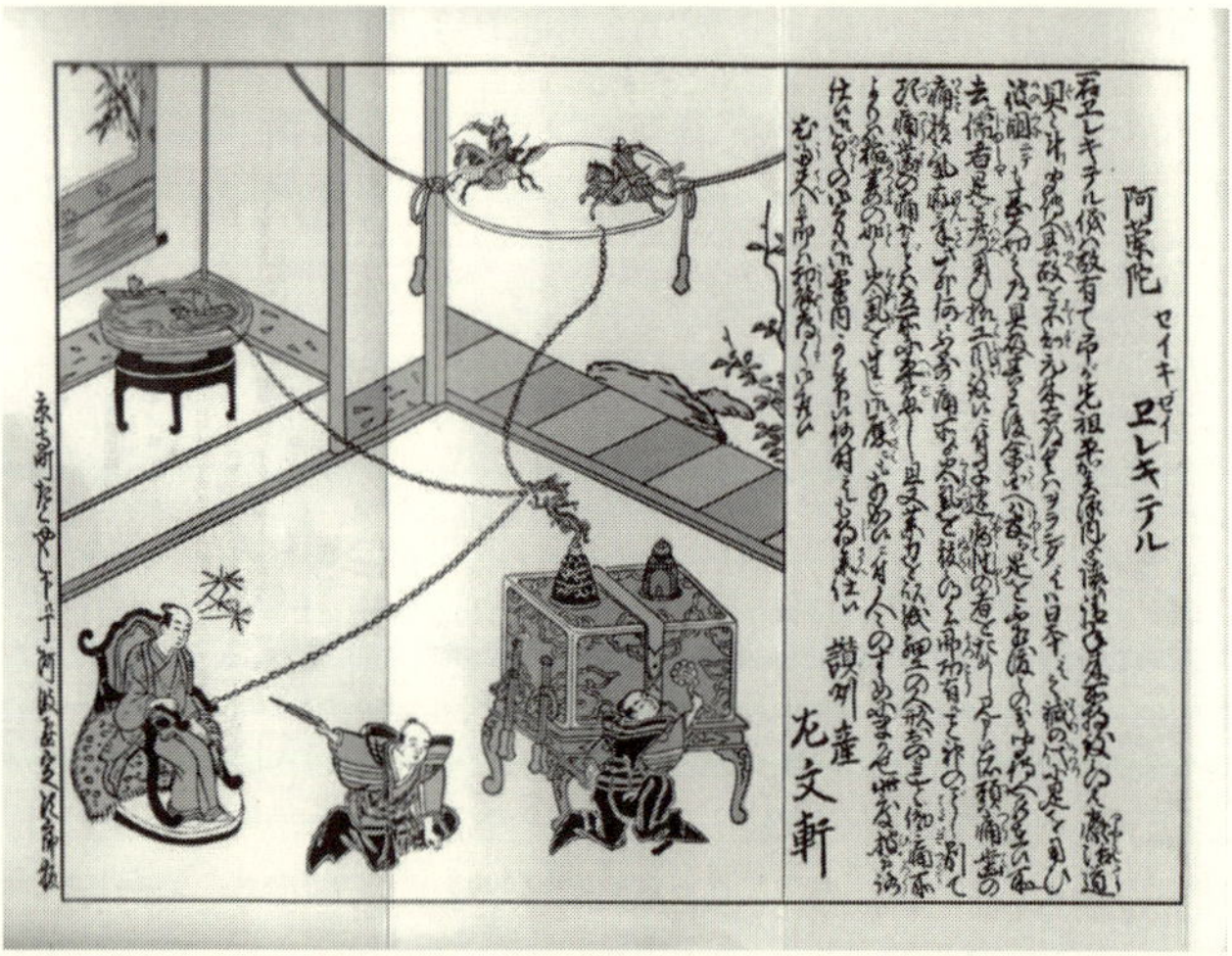

図５―７　エレキテルを用いた興業事業のイメージ（平賀源内全集）

　余談ですが源内はエレキテルの模造品をつくった人を奉行所に提訴、日本初の知的財産所有権裁判を起こしました。模造品は、制作を手伝わせた職人が勝手に自作して同じ興業を勝手に始めたものです。

▼その他の源内伝説から

ここでは、すこし情報が怪しげな（しかし源内作らしい雰囲気を持つ）２つの開発商品を紹介しましょう。

根付の製作販売

まず「根付け」の開発と商品化ですが、これは金唐革紙の煙草入れとか源内櫛などの付録品といったほうがいいのかもしれません。何人もの職人が平賀源内の門に入り、その薫陶を受け種々の製作を行なった後、専門の根付師となったようです。

これらの人たちは、かなり後々まで江戸の根付製作において影響を与えているともいわれます。実際、源内の晩年は細工物を商いにして一流の根付師を門人に持っていましたし、源内の斬新なデザインの指導が想定されますね。調べれば調べる程、われわれが想像する以上に彼は、根付に深くかかわっていたようです。

うぬぼれ鏡の製作販売

この話はかなり怪しいかもしれませんが、源内らしいものでもあります。それまでの鏡は銅を磨いたものだったのです。これを源内は、ガラスを用いて裏を黒く塗ったり、黒い紙か布を敷いて現代の鏡と同じようなものをつくって売っていたそうです。

磨いた銅の鏡と違い、明るくはっきり写るようにしたので、とても美人・美男に見え、「自惚鏡」の名まえがついています。源内ならばできそうだというところがミソでしょう。ひょっとしたら、魔鏡のようなものまで発明・工夫していたのかもしれませんね。

▼起業家としての源内の実績(3)鉱物、鉱山関連製品事業(石綿、金、鉄、炭)

ここでは、平賀源内のかかわった4つの鉱山関係の事業化にかかわる話をまとめて紹介し、源内の起業家ぶりを検討していきたいと思います。

火浣布(かかんふ)の製作

源内が鉱山開発をすること（山師）になるきっかけは、薬品会に出品された石綿（石麺）をみつけて秩父の山の中へ進出したことです。その後宝暦14（1764）年、秩父中津川の山中で、石綿（せきめん、アスベストとも呼ぶ）を見つけます。

石綿とは天然の繊維性鉱石のことで、その繊維径は通常、髪の毛の数千分の1ともいわれるようにきわめて細いのです（だから、人体に悪影響を及ぼすリスクがあり、公害の材料として近年は厳しく規制されています）。元々が鉱物系の素材なので熱(火、炎)や各種薬品にも強く、またファイバー

図5—8　源内製の火浣布(平賀源内全集)

状の添加材料として漆喰（しっくい）の強化などにも効果があります。石綿で織った布は、古代中国では火で浣（洗）う布、火浣布（かかんふ）と名付けられて、きわめて珍重されていたのです。

　この素材が日本の中で採れることを知った源内は、きっと大喜びで、我が国で大々的に生産することのメリットとイメージを瞬時に理解したのでしょう。もちろん、源内の発見（といっても再発見で、場所を特定しての発見）は偶然という人もいますが、彼にそれを見抜く本草学的（のなかの鉱物）知識と執念があればこその成果でした。

　この石綿を秩父で発見後、源内は地元の資産家と共同して火浣布の製作に熱心に取り組み、小さな香敷きを試し織りすることになります。数センチ角の小さなものですが、江戸で幕府に献上し、オランダ人や中国人に見せて得意になって宣伝したことで、耐熱服のような大型の注文をもらったといわれます。しかし当時は大型化の技術的困難さもあって、試作品やお香を載せる台のようなもの以上に発展することはなかったようです。(図5―8)

防炎繊維はそれまで欧米、中国のものがあったのですが、この日本製のものも、遜色のないものだったといわれます。『竹取物語』に登場する、火にくべても燃えない「火鼠の皮衣」というものです。この源内の火浣布は京都大学の図書館に保存されています。

このように、新しいものを発見すると、商品イメージとPRが先行してしまう傾向がある源内ですが、これはイノベーションの実現のためにわるいことではないのです。とにかく、すぐさま応用を考えて、事業化や産業に結びつけようと試行錯誤するのが、源内のイノベーターとしての真価でしょう。

金山事業：秩父中津川近郊

秩父にいって石綿を探すのをきっかけとして、また幕府の殖産振興政策に乗って、源内は廃坑になっていた金山の再開発事業を企てました。石綿発見から2年後の明和3(1766)年、39歳のときで、源内は幕府の許可を得ていよいよ事業に着手したのです。

そのときの鉱山は秩父の山深い奥地ともいえる現在の埼玉県大滝村にあります。筆者も雰囲気を知りたくて訪問したのですが、切り立った崖がむき出しの九十九折りの林道を行き、トンネル隧道を越えたところにあります。そのあたりには、以降の各種開発による廃鉱や最盛期に2千人が居住していたといわれる鉱山住宅跡地が残っています。現在は山積みされたキラキラ輝く真白な方解石の原石らしきものが見られ、周辺は秩父多摩国立公園で風光明媚なところです。

秩父鉱山の自然金は、細長いひも状あるいは微細な結晶としてせん亜鉛鉱中に産し、かつて（慶長年間［1610年頃］）は盛んに採掘されていたといいます。一部は地元の資料館でもみることができますが、ひも状の金で中には長さ10cmにも達する見事なものも発見されたそうです。

まず源内の気を引いたのは金（自然金、今でも小粒なものはとれると聞いてます）の再発掘で、それをネタにさっそく幕府（田沼意次）に採金の計画を出して相談をしたのでしょう。まさに日本の国益と自分の意思（危機感＋もうけ）が一致したわけです。

4章でも述べましたが、鉱山開発の歴史をみると、水抜きなどの問題があり、かつて断念したものを当時の最新技術（土木技術）によってよみがえらせるものが多かったのです。

源内も水抜きの穴とシステムを再構築し、金の再採取をめざした野心的な事業を始めたのでした。万全を期して始めた採金事業の初期は比較的うまくいっていたようで、その時の最初の収穫の「吹初金」などを見本として説明書をつけて生家へ送られています。しかしその後の金の産出は不調で、事業開発着手から2年余りで早くも明和6（1769）年には休山に追い込まれ、源内は山を下りることになりました。

図5—9　源内居：８年間、中津川で寄寓した家屋

鉄山開発事業

源内一行は石綿、金鉱山再生のなかで、秩父中津川界隈で金銀銅以外にも見る目が優れていたので「ろくしょう、明ばん、胆ばん、磁鉄鉱」等を発見したといわれています。一般に複数の鉱床から金、銀、銅、鉛、亜鉛、硫化鉄鉱など、時代の変遷とともに採掘していたといわれますが、どこでも最初は自然金探査から始まったのでしょう。

源内は金山開発の夢破れたのちに中津川渓谷に良質な鉄鉱石が取れることから、野心的な製鉄事業を行なったのです。まずは鉄鉱石からの製鉄を試みたようで1773年、源内が46歳の時でした。しかし砂鉄以外のたたら製鉄方法は当時の日本ではほとんど例がなく（同時期やそれ以前に釜石ではトライされていたとも聞きます）、世界的にみても野心的なものであったのです。石見の製鉄専門家（3章でも述べましたが当時、出雲、石見は砂鉄ベースのものでした）を招いて製鉄をこころみたが、うまくいかなかったと伝えられます。

しかし、彼はここに住みつくほどに本気でした。今でも中津川に残っている「源内居」（図5―9）を自分自身の設計でつくって、空いた時間に浄瑠璃原稿（矢口の渡しなど）を書きながら頑張っていたそうです。

炭開発事業

製鉄事業は結局うまくいかなかったのですが、源内は転んでもただでは起きません。製鉄のために開発した炭焼き事業のほうを活用して、その周囲の荒川を使った船による流通システム事業として江戸への木炭の製造販売事業を開始したのです。

かつての荒川は水量も多く、秩父方面の木材の搬出にいかだ流しが行なわれていました。通船の問屋を営んだとされる家には、今でも「平賀」の名まえ入りの風呂敷や文書や資料が残されています。これは本流（鉄）と異なる派生品（炭）からのビジネスを成功させるという、ベンチャー企業などの事業成功の典型例ともいえます。

江戸の発展とともに材木や薪炭の需要が増大してきました。このため荒川の舟運も盛んになり、渡船場や殿蔵の渡しなども大幅にふえています。現在の埼玉県の寄居（よりい、JRの駅がある）は、平野部と秩父地方を結ぶ交通の要衝であったことから大変なにぎわいを見せたといわれています。まさに源内の影響力と、未来への展開力の成果の表われでしょう。

▼その他の将来ビジネス・興業のはしり・ネタ

　これまでにも述べてきましたが、源内はいくつも将来ビジネスへのタネをしっかり撒いています。とくに彼の故郷の香川の名産になって残っているものを少し詳しく紹介しましょう。

毛織物製造事業（羊から）

　源内は1770年（43歳）、2度目の長崎行の時に数頭のヒツジを買い入れ、志度へ送り飼育を依頼し、紡績糸を製造しました。これを大坂で織らせて毛織物の羅紗（ラシャ）の製造も手がけたのです。いわば、最初の国産毛織物の製造に成功したのですが、事業化にまではいたらなかったといわれます。

　高松藩の志度では、この羊毛を紡いで作った織物を源内の本名である「国倫（くにとも）織」と名づけていますが、一部では「源内織」とも呼ばれているようです。数頭のヒツジで織物まで作ってしまうという、イノベーション初期の試作を実施したのでしょう。この地方のタオルや手袋などの織物産業と関係があるのかもしれません。

　これに関する資料は二つしか残っていないのが残念です。一つは、源内が郷里の知人金次郎へあてた（日付不明）手紙であり、もう一つは1777（安永6）年刊行の彼の戯作『放屁論　後編』です（第1章で紹介）。

さとうきび事業と和三盆糖事業

砂糖の原料にサトウキビがあります。既に述べましたが源内の生まれ故郷の香川で砂糖作りが盛んになったのは、高松藩主、松平頼恭（まつだいらよりたか）が源内に命じて砂糖づくりを研究させたのが始まりといわれています。江戸時代中期、白砂糖はオランダ・中国などとの海外貿易による輸入品が大半で、各地の本草学者や篤農家達が中国の砂糖の品質に並ぶものを作ろうと努力しても当時は難しかったといわれます。

そのような中で源内は本草学者の使命として、砂糖に関する製造方法について示しています。本書でも紹介した大々的な薬品会の内容をまとめた『物類品隲《ぶつるいひんしつ》』（1763年）の中に『甘庶培養並ニ製造ノ法』が収録されています。具体的にはサトウキビ栽培と砂糖の製造法が書かれており、香川でも数多くの試行錯誤を経て、やがて日本の国産砂糖の商品化は成功します。

日本で作った上質の白砂糖を和三盆糖と呼びますが、現在でも香川・徳島産のものが有名で、柔らかく、上品な甘味が好まれて、干菓子などに使われています。実際に源内の知識や知恵がどのくらい活用されたかは、不明ですが、故郷の発展の一助を担ったのは間違いないようです。

朝鮮人参栽培（農業）事業

本草学はもともと薬効性のある植物を薬にするのが目的ですが、源内の師匠の田村元雄や源内自身も、朝鮮人参の研究に一生懸命でした。幕府の重点課題だったという事情もありますが、朝鮮人参はまがいものを含めて大変高価な取引がされたことや、江戸の大火のときに瀕死の人に朝鮮人参が効いたという直接の経験もあって、特に情熱をささげたようです。

当時、朝鮮人参の栽培方法は、秘中の秘として外部への流出を防ぐため、厳しい監視下にありました。師の田村藍水（元雄）が記した『朝鮮人参耕作記』によると「朝鮮人参は乾くと発芽しないので採取後直ぐに土を入れた器に人参の実（種）を仮植えしておく（埋めておく）」と記されています。

源内が考えたといわれる人参栽培法のノウハウも取り上げられています。それは①「土用の頃、熟した実を採り、水洗いにより核を取り出し、ただちに植える事、もし核が乾けば来春生じ難し」と記載、②続いて、「10月に種を下す法」として、「参実を土に含み土器に入れ、銅線で纏、陽地にて潤のあるところ1尺ほど掘って土器を埋め置き10月に至って堀り出せば実ことごとく芽を生ずるを取り出して植えるべし」と記載されています。

▼ビジョナリー、ロードマップ作成者としての源内

源内は閃きのアイデアマンですが、蘭書として代表的な辞書、図鑑、世界地図などは自費で購入し、当時日本では数冊しかなかった貴重本を多く手元に所持していました（8冊は確認されています）。それらの本をヒントにいろいろな分野で彼自身の夢を付け加えて画期的で俯瞰的シナリオを残しました。そのなかで、事業にかかわるシナリオ事例をピックアップしてみましょう。

火浣布（かかんふ）略説――未来ビジョンを描いたロードマップ

源内製作の石綿で作った布、火浣布（石綿で作った小さな布）の解説書として、明和2（1765）年に発刊した『火浣布（かかんふ）略説』（平賀源内著　大坂　柏原屋出版）（図5―11）は重要な1冊です。その理由を述べてみましょう。

この略説は火浣布の試作に成功した源内が、その内容と将来の夢を紹介した重要な書ともいえます。源内の豊富な基礎知識のもとに漢書、オランダ人、蘭書からの知識を加え、図入りで基本から応用まで説明したものです。

まだ大きな面積のものも出来ていないのに、このようなPR解説書（?）をつくったと批判する向きもありますが、実はこの書はイノベーター源内にとって大変重要なロードマップとなっています。それは源内がイノベーションを起こす時に、まだ最終完成形ができてなくても、ビジネスプランや研究開発計画をつくったり、ビジョンと具体的なプロセスを描いた、きわめて重要な未来マップなのです。

『陶器工夫書』は、いわゆるビジネスプラン（事業提案書）

源内が1771（明和8）年に記述した『陶器工夫書』（図5―12）は、長崎で中国・オランダから高価な陶磁器が多量に輸入されるのを見て、時の幕府天草代官に提出したものです。

彼は天草深江村の土が製陶に適しているのに気づき、この陶土を使って、意匠や色釉を工夫すれ

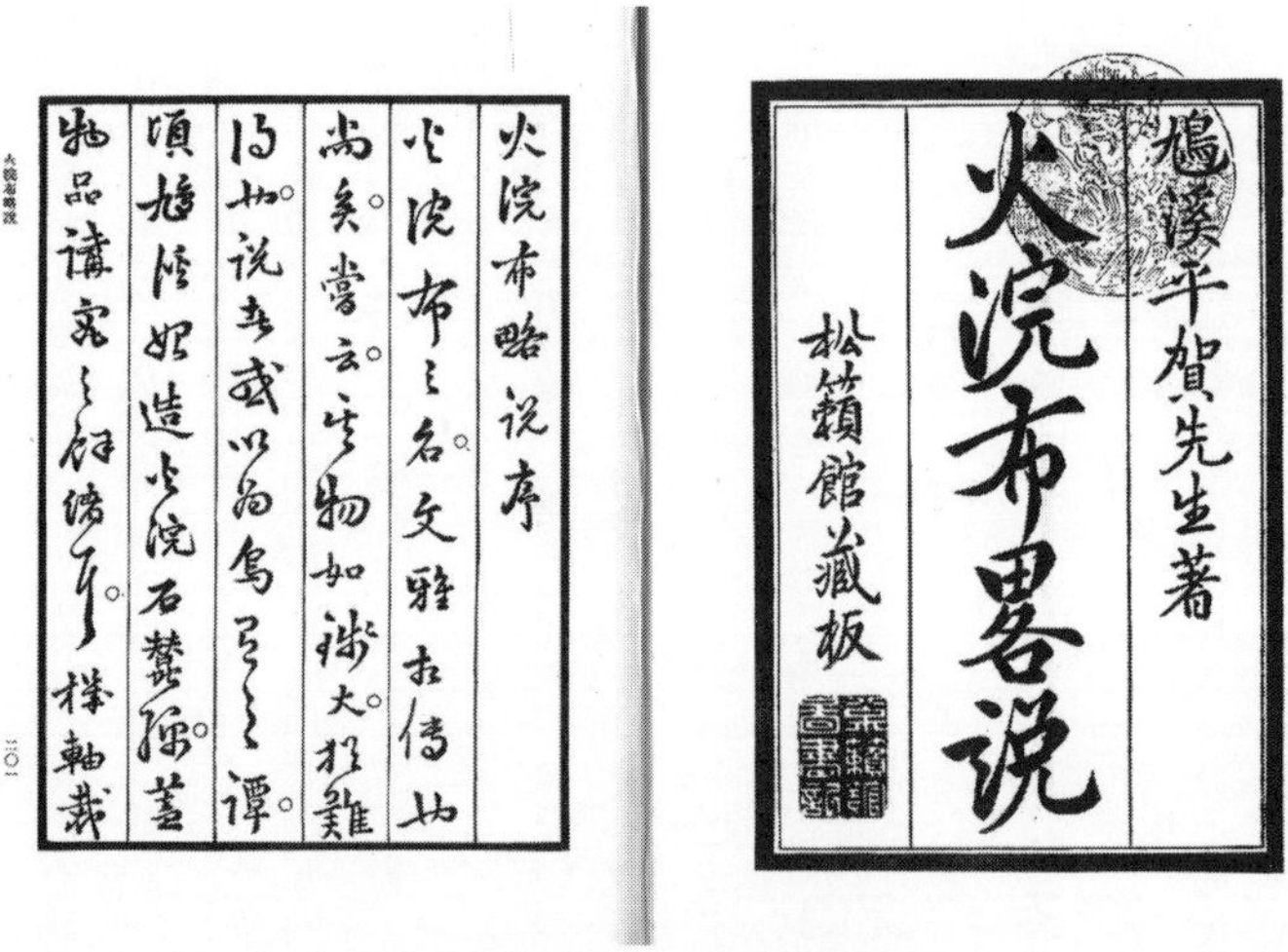

図５―１１　火浣布 (かかんふ) 略説から (平賀源内全集)

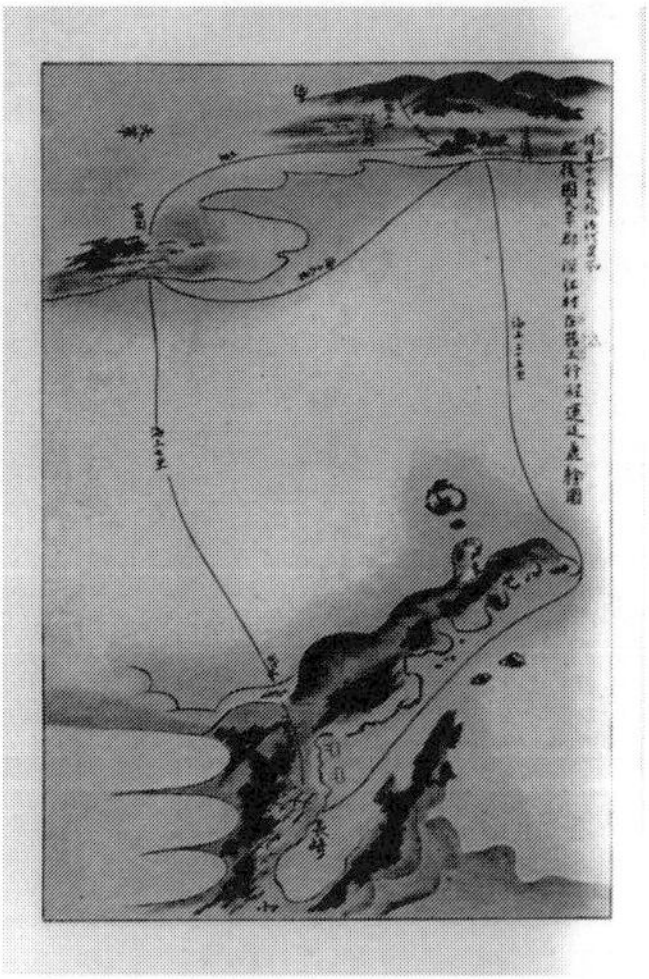

図５―１２　『陶器工夫書』の一部(ビジネスモデル)(平賀源内全集)

ば立派な陶器が出来るということ、輸出も可能で国益になることなどを進言している書です。実際にはその提言は受け入れられなかったのですが、のちに自分で「源内焼き」を行なう基本的な考え方になっているものです。

この書は原料の採取、焼き物の場所などの具体的な提案までついている、今でいうとすぐれたビジネスプランといえます。

▼独立が生んだ技術者から起業家への脱皮

源内の足跡は、彼が脱藩・独立した30歳代後半ごろから明らかに変化してきます。すなわち脱藩することで、いわゆる自営業者になったのです。

この前後のやり取りをみていると、藩はやめられたが、単純な脱藩ではなく「(他藩に) 雇われてはダメ」という中途半端なものだったという説もあります。つまり〝会社〟を辞めてもかまわないが、他社への就職を禁ずるというわけで、これでは自営業になるしか手がないのです。しかし源内の生き方をみているとそれでがっかりするのではなく、望んでそうなったところもあります。

いずれにせよ、自分の食い扶持を自ら賄うために、源内はなんでもやらないといけない立場になりました。それらがやっとひと段落して、自立できるめどがついたのが40歳頃です。ここからいわゆる起業家、事業家としてのスタートを切っていくと考えるのが自然でしょう。

また、そのような源内を田沼意次、幕府、他藩は利用しますし、源内のほうも、田沼の権威を利用していろいろなことに手を出し、44歳から49歳ころに、活動の盛りをむかえます。源内の起業家、事業家としての活動からは、毎年毎年いろいろなことを手掛けてきたアントレプルナーぶりが見て取れます。

源内の真骨頂は、一つの事業を徹底的に行なうのではなく、いろいろな事業を次々と始める起業家の側面にあり、その面での重要性と成果の評価が重要でしょう。事業の成功はその時代の顧客の不確実性に依存した、確率論的なところがあります。全部うまくいくわけがない試行錯誤の連続なのです。ここを理解することで源内の本質が見えてくると思います。

コラム⑪　平賀源内への批判的意見へのコメント(3)　事業家編

・物産を集めた単なるイベント屋

⬇諸国の物産品を集めた5回の博覧会の開催などは、まさに独創的なイノベーションといえます。それを単なるイベント屋と決めつけることは理解できない評価です。

・一発狙いの事業家、うかつで、対応案、戦略なし

⬇断片的な源内の成果をみると、一発狙いの事業家と見えることもあるかもしれません（源内櫛や金唐革紙など）。しかし、どこにも属さずに独立・自立の生き方を選んだ源内としては、

生活のためになんでも行なうことは必須でした。これを「うかつな対応、戦略なし」と評価することは、源内の生き方の本質をつかんでいないのではないでしょうか。

・流通のネットワークをちょっとしか利用していない、無駄でいきあたりばったり

⬇物品博覧会の中で、特に5回目の会合で全国各地の主要な場所に取り次ぎ所を設けて、送料無料で全国の物産を集めるシステムを作ったことは画期的と評価されています。

・知識のショー化を行なった、ファラデイになれない、ダビンチのような名画がない

⬇源内のエレキテル興業やエレキテルの修理に対する評価、さらには最初の蘭画（婦人絵）のことを指していうのでしょうが、時代背景の認識不足と何よりも平賀源内の全体を見ない断片的な知見だけによる評価は悲しくなるところです。

第6章　シナリオライター・ネットワーカーとしての源内
——イノベーターの条件5

本章では、イノベーターの第5の条件として、シナリオづくりの能力とネットワーキング能力という二つの切り口で平賀源内の能力を検討していきましょう。その中には具体化するための、アーティスト的な孤高力と未来予見による仲間を喜ばす力（ネットワーク志向、未来志向からアライアンス構築）という相反するように見える要素があります。

源内の見事なシナリオの作成能力はアウトプットとして多彩です。戯作、浄瑠璃などの日本の古典文学とも呼ばれる範疇もあり、キャッチコピーやマルチタレントとしての話題性のある成果もあります。絵画関係としては蘭画や浮世絵の多色刷りなどアーティスト（芸術家）的な方面の作品もあります。

そういう芸術家的な面では、源内はまさに当時（江戸時代中期）の最先端を走っていたのかもしれません。

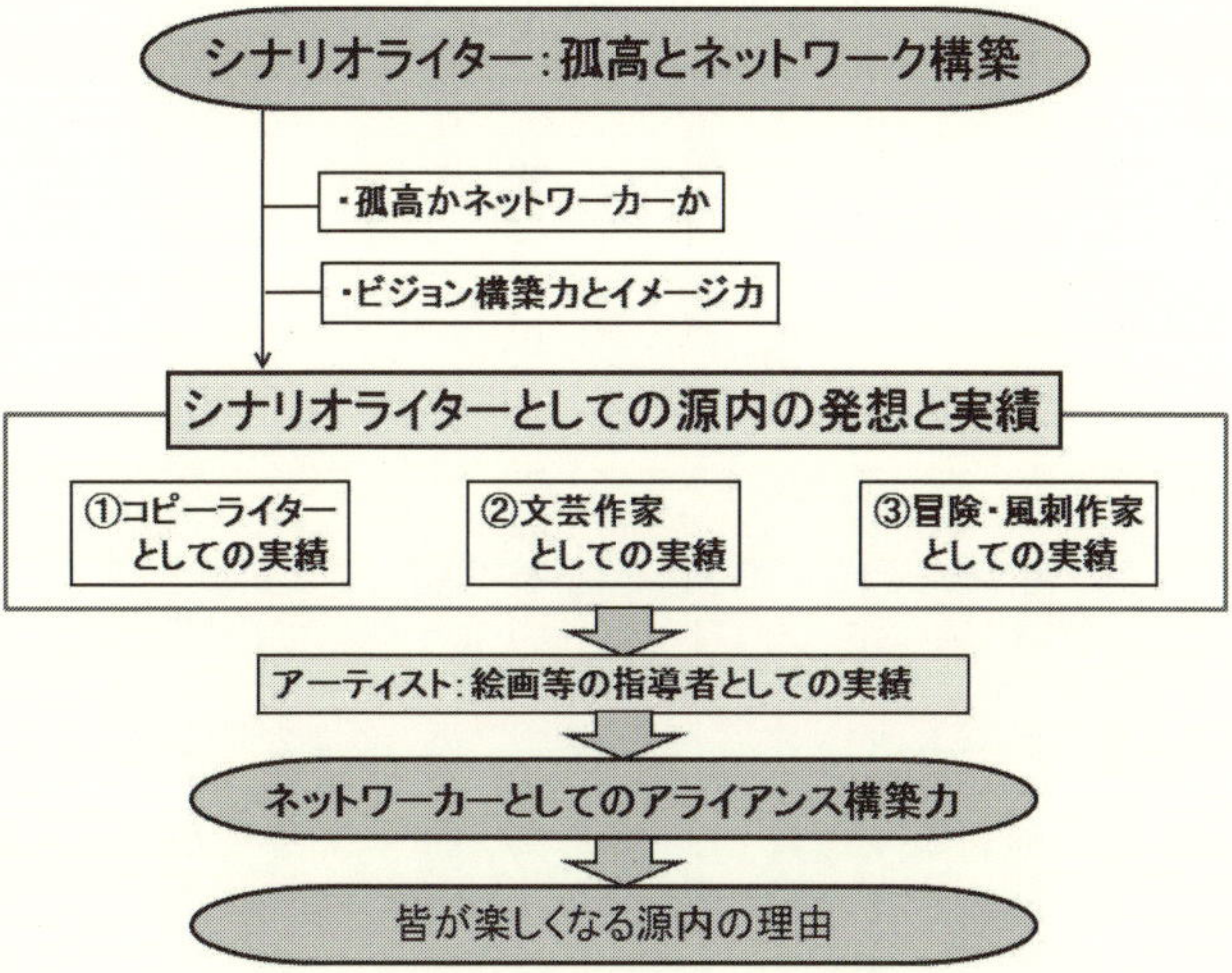

図6—1　イノベーターの条件（5）：シナリオの発想

この方面での評価や解説記事は既に優れた著作が多数ありますので、本書ではあくまでも「イノベーターとしての条件」としての「シナリオ構築力」「アライアンス構築力」の2つに絞った視点で、源内の仕事ぶりをみていきます。

▼シナリオライティング能力

まずはイノベーターにおいて必要な仮説構築力を、ここではシナリオ・ライティング能力という切り口で検討していきましょう。世の中に存在しない仮説を作り出すことがイノベーターの基本能力とすると、そのためのシナリオを創りだすことは常にセットとなっている必要があります。

いわゆるビジョンとかロードマップ構築の能力もそのなかに含まれてきます。その中にはアーティスト的な孤高力とともに、世の中のいろいろな人と関わりをもとうとするアライアンス構築力の2面性も存在しています。ここでのアライアンスとは一緒に物事を行なう仲間という程度に考えてみましょう。

源内は孤高の人かネットワーカーか?

源内のネットワークの能力をどのように評価するかは、源内を評価し語る上で大きなポイントとなっています。

晩年の刃傷沙汰のせいか、彼の人間関係について、否定的な意見があるのも事実です。「孤高の天才」的な表現での批評もいくつかあり、その中では人間関係が築けなかった偏執狂としての失敗例との分析もあります。

一方では優れたネットワーカー、プロジェクト・マネージャー(イベントマネージャー)としていろいろな人をむすびつける天才的なネットワーカーであるという評価もあります。はてさて、聞いているほうは、混乱します。いったいどちらが本当でしょうか?

5章で紹介した日本で初めての博覧会を展開して成功させているところからみると、人間関係が良くなかった孤高の人とは思えない面があります。情報通信技術がほとんどなかった江戸時代では、画期的なネットワーク(から始まるアライアンス)構築者として、そのシステムの創造と改良は後世に残ることだと素直に評価したいところです。

よくいわれることですが、孤高であることとネットワークの二つの特徴は必ずしも相反するものではなく、頭の切り替えの問題だと捉えるほうがよいでしょう。皆とうまくやりながら必要なときには集中すること。これはイノベーターの条件としては重要なポイントといえる能力だと思います。

文芸作品群とビジョン構築力

源内の各種の文芸作品をみると、まさに創作力の結晶です。自由奔放かつ豊富なイマジネーションにより、ありとあらゆる世界が描かれます。それは時間や空間の自由度だけではなく、意識や情念などの計測しにくい分野での自由度も最大になっている成果と考えられます。

以下、イノベーター源内の自由奔放ともいえるシナリオ構築力の一端を紹介しながら、いかに発想を展開することが大切かをみていきましょう。

▼シナリオライターとしての能力と成果(1)〝コピーライター〟としての作品

平賀源内を語る時に、有名な「丑（うし）の日のうなぎ」で〝コピーライター〟としての成果が強調されることがあります。実際に話題性としては抜群で、他にもいくつもの伝説が知られていますがまずはうなぎですね。その検証は難しいところがありますが、単なる〝コピー〟ではなく、源内の書いたものが当時の江戸庶民＝社会生活に影響を与え、現在にまで継続利用されているという、まさにイノベーター源内の面目躍如たるところです。これらについて少し詳しく紹介してみましょう。

土用の丑の日の鰻

1760―1770年代の時期は不明ながらも、源内は「土用の丑の日に鰻を食べ、夏バテを防止する」というキャッチコピーを発案しました。日本におけるコピーライターのはしりとも評される理由がこれです。鰻（天然物、当時は養殖物はありません）は冬が旬なので、夏場の売り上げ不振に悩んだ鰻屋に請われて、源内が考案した広告コピー（引き札）が元になったという説が有力です。

薬の知識が豊富な本草学者の源内にとっては、熱帯以上に蒸し暑いといわれる江戸の夏バテに鰻が効くというのは基礎認識だったのです。理論武装されたコピーだったので、その迫力も増したことでしょう。

日本において鰻は、奈良時代から強壮の食品とされてきたといわれます。あの『万葉集』の中でも、夏バテに鰻という大伴家持の歌が知られていますが（「石麻呂に吾れもの申す夏痩せによしというものぞ鰻とり食《め》せ」）、江戸期においても、各種のガイドブックに江戸の名物の一つが鰻の蒲焼屋であることが紹介されています。たれを使った鰻の蒲焼きは、江戸時代中期以降にうまれたものとされています。

源内自身も江戸前の鰻には特にこだわりがあったようで、いくつかの著書でも江戸前の鰻こそが美味であるとしています。源内の空想冒険小説で当時のベストセラー『風流志道軒傳』（後述します）でも、「江戸前の大かば焼き」などと表現しており、その思い入れがうかがえます。夏場に不足しがちな活力源（ビタミンBを含む）として最適ですよね。

いずれにせよ、当時から夏バテ対策は庶民にとってかなりの重要事だったのでしょう。丑の日にひっかけて、うどんや梅干し、瓜といった「う」の字のつくものを食べると夏負けしないという俗信もあったようで、うなぎはそこにもはまったキャッチコピーであるようです。当時の博物学の有名人であった、源内が庶民に愛されていた様子もうかがえます。

歯磨き粉「漱石香(膏)」の〝CMソング〟作詞作曲

1769(明和6)年、源内42歳のときに〝CMソング〟歯磨き粉「漱石香(そうせきこう)」の作詞作曲を行なっています。えびすや兵助の依頼で漱石香という歯磨き粉のコマーシャルを「引札」でしました。歯磨き粉の宣伝は「トウザイトウザイ」で始まり、値段、効能を書いて、「お口を磨く漱石香〜」という日本で初めてのCMソングとなり、最後にお引き立てのほど、カチカチカチで終わる調子のよいものです。

江戸の庶民の間ですぐに流行っていったのが目に見えるようです。インターネットもTVもない時代、源内はどうすれば庶民の生活に入っていけるかを考えていたのでしょう。まさにマーケティングの先駆的な知恵がうかがえます。

音羽屋多吉の清水餅の広告コピー

1775年(源内48歳)には音羽屋多吉の清水餅の広告文を作っています。お餅の宣伝ですが、とにかく酒が飲めない人に甘い餅をほめる軽妙な語り口、ごろあわせなどの言葉遊びも入っています。全文が記録として残っているのでそれを直接見ていただいたほうが、雰囲気はわかるかと思います。

清水餅　　口上

世上の下戸様方へ申上候。
そも我が朝の風俗にて、
目出たき事にもちいの鏡子もち、
金もち屋敷もち、
道具に長もち、
魚に石もち、
廊に座もちたいこもち、
家持（やかもち）は歌に名高く、惟茂（これもち）武勇かくれなし。

かかるめでたき餅ゆえに、
このたび思いつきたての器物さっぱり清水餅、
味はもちろんよいよいと、

ご贔屓ご評判のおとりもちにて私身代もち直し、
よろしき気もち心もち、
かかあもやきもちうち忘れ、尻もちついて嬉しがるよう、
重箱のすみからすみまで木に餅のなるご評判願い奉り候、
以上。未四月 回向院　音羽屋多吉

（安永四年　平賀源内「清水餅」より）

▼シナリオライターとしての能力と成果(2)作家、各種文学作品

各種文学作家としての平賀源内については、すでに多くの評論があるので、ここでは本書イノベーターに関連するものだけを取り上げます。

もともと源内は俳句の会に入っていて、李山（りざん）という名で創作活動をしていました。また源内の文芸活動として一番有名なのが浄瑠璃作家としてのものです。福内鬼外の筆名で『神霊矢口渡』ほかを執筆して、時代物を多く手がけています。いずれにせよ、源内は高松藩から脱藩したあと、手当たり次第といってよいほど多くの作品に関わっています。当時の流行作家だったわけですね。

シナリオライター、作家、芸術家としての平賀源内：主な著作一覧

必ずしも文学作品ばかりではありませんが、源内がいわゆる本業の本草学、博物学関係書（◆印を付けてあります）も多数あり、それらを中心にリストアップしてみました。

文芸ものの作家として作品を上梓するのは脱藩後の36歳からですが、まずはその年の9月と11月に2冊『根南志具佐』、『風流志道軒傳』をほぼ同時に出版しており、自立しての覚悟が垣間見られる社会風刺物語です。当時の江戸庶民には大いにうけたようです。主要な著作だけを並べてみましたが、両方の作品が並走しているのがわかります。

1756年（29歳）俳句同人誌『有馬紀行』
1762年（35歳）『紀州物産志◆』
1763年（36歳）『物類品隲◆』、『根南志具佐』、『風流志道軒傳』
1765年（38歳）『火浣布略説◆』
1767年（40歳）大田南畝『寝惚先生』序、『長枕褥合戦』
1768年（41歳）『痿陰隠逸伝』、『菊の園』、『日本創製寒熱昇降記◆』
1769年（42歳）『根南志具佐後編』、『物産書目◆』（入手蘭書のまとめ）
1770年（43歳）『神霊矢口渡』（2回目の長崎へ）
1771年（44歳）『陶器工夫書◆』（西洋婦人画を描く）

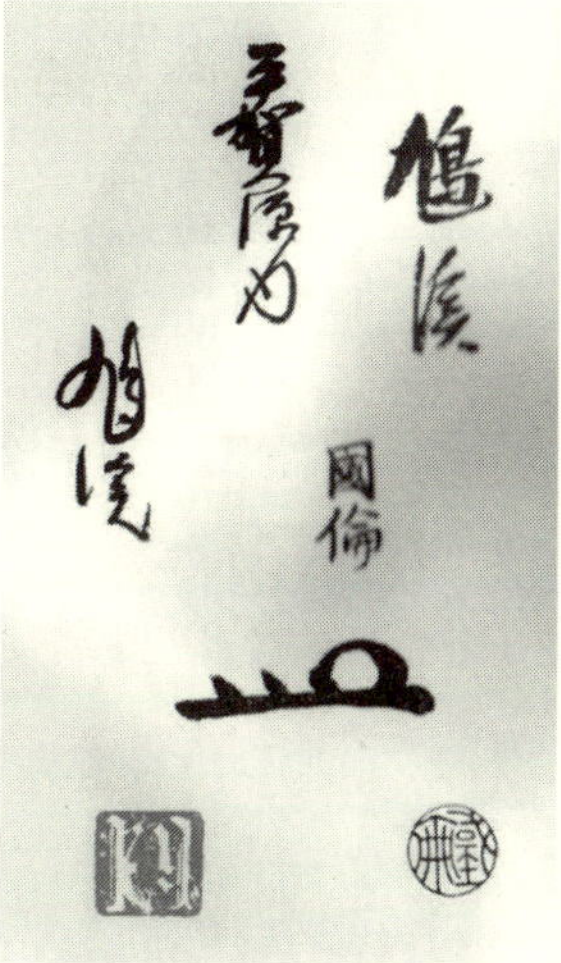

図6―2　平賀源内の各種のサイン、号など(平賀源内全集)

1774年（47歳）『放屁論◆』（参考：杉田玄白『解体新書』）

1776年（49歳）『力婦伝』、『天狗髑髏鑑定縁起』（エレキテル復元）

1777年（50歳）『放屁論後編◆』

1778年（51歳）『菩提樹の弁』、『飛だ噂の評』

1779年（52歳）『金の生木』

平賀源内の異名、通称、ペンネームのいろいろ

源内を調べていて最初にとまどうのは、彼の名前の多さです。号やペンネームなどいろいろなので、ここで整理しておきましょう。

源内は俗名で本名は国倫（くにとも）、号は鳩渓（きゅうけい）、字は「士彝（しい）」です。物産学では号の「鳩渓（きゅうけい）」を名乗っています。本章に関係のある文学作品については、まずは俳句では「李山（りざん）」、浄瑠璃作者としては「福内鬼外（ふくうちきがい）」、戯作では「風来山人（ふうらいさんじん）」などが有名どころです。

その他にも「天竺浪人（てんじくろうにん）」、「紙鳶堂風来（しえんどうふうらい、紙鳶は凧のこと）」などを使用してます。さらに「貧家銭内（ひんかぜにない）」、艶っぽい本では「水虎山人（すいこさんじん）」などというのもあります。

さあ、みなさんどれがお好みでしょうか？

源内の俳句に関連したエピソード

源内が江戸に上る際（１７５６年［29歳］）に、さぬきのスポンサー（友人）たちと、有馬温泉にしばらく逗留して、わかれを惜しんだという話が残っています（俳句同人誌『有馬紀行』）。このとき、全国から有馬温泉に湯治にくる客への短冊記念として、うたを読みそれを売り物にした（有馬土産）のです。

その俳句の腕前は別としても、いかにも源内らしいエピソードです。なにごとも、その場所のニーズを吸い上げて、それをさっさと実行してみせる。まさにイノベーターの面目躍如です。ちなみに、有馬で源内の詠んだ俳句の内容には次の句が残っており、俳号は李山です。

「湯上がりや世界の夏の先走り」

▼シナリオライターとしての能力と成果(3)江戸版ガリバー旅行記『風流志道軒傳』

源内には、江戸版ガリバー旅行記と呼ばれる作品があります。見方によってはSF冒険談のはしりともいえる傑作で、江戸時代から明治まで100年以上庶民のベストセラーだったそうです。シナリオライターとしての資質を検証するためにも興味深い内容です。

この本が源内のなかで重要なのは、33歳での脱藩後、自立していくなかで最初に出した本の一冊だからです。前述のごとくほぼ同時に『物類品隲』『根南志具佐』の2冊がでていますが、同時進行的に書かれたのでしょう。この『風流志道軒傳』は主人公が、巨人の国、小人の国、長脚国、愚医国、いかさま国などを旅するものです。

実はこの本は江戸庶民社会の夢物語として明治まで継続的に評判を呼んだだけでなく、その奇抜な世界のイメージが、錦絵に描かれ、歌舞伎や芝居の出し物に流用されてきました。さらに大衆娯楽街「浅草奥山」の細工出し物「生人形」にもリアルに表現されました。

内容はまさに奇想天外でありますが、江戸時代にこれだけ世界各地の、また日本各地の情報をもち、さらに新しい発想と想像力を掻きたてたことには、まったく脱帽です。現代は情報氾濫時代とはいっても、われわれは想像、創造力についてはまだまだ足りないことを痛感してしまいます。イノベーターの源泉力は想像力パワーでしょうから。

さらにいうと源内の『志道軒傳』を読むと至極愉快な気持ちになれるのです。源内自身が本書

図6―3　平賀源内の風流志道軒傳（挿絵、志道軒の自画像、平賀源内全集）

の執筆でとにかく楽しんでいるように思えることが理由の一つといえます。実はこれは源内の人生の大部分についても言えるのでしょう。イノベーターの本質はまさにここです。自分でも楽しむ、愉しむ、というところにイノベーションの本質があるのかもしれません。たしかに並大抵なことをやるのではないのですから、自分でも楽しまなければやっていられませんよね。

読者のみなさんはどのように判断されるでしょうか。余談ですが、その奇才、平賀源内の書いた江戸のSF冒険風刺小説を自分で読んでみたいということで、出来たのが本書の姉妹本である『「自由訳」平賀源内作「風流志道軒傳」（ふうりゅうしどうけんでん）』（言視舎刊）です。ぜひ江戸時代の天才、平賀源内の視点をまずは直接、自ら楽しんでみてください。

『風流志道軒傳』から、庶民と源内の生き方

この本がこの時代の庶民に受けて大ヒットしただけでなく、明治時代まで版を重ねて売れ続けた理由は何だったのでしょう。これを江戸庶民のイノベーター願望と仮定して少し考えてみましょう。

この本には、江戸庶民の旅行への夢、変身願望、男性の本能的な性の欲望などが網羅してあり、それが絶妙の語り口で軽妙に語られています。舞台、時代が変わっても人間のやることは同じということもわかります。庶民の生活の歳時記、年中行事、各地の風物や行事がまとめて書いてあり、江戸時代の世界観、日本観が明確に出ています。この本を読めば、当時の日本中、世界中の風物が生き生きとわかりサービス溢れる案内書にもなっています。これだと売れないわけがないですね。

イノベーターとのかかわりでいうと、欧米のイノベーションの教科書には「仮説構築力と実行力」「発想を拡げ、ビジョンを語り、皆と共有化すること」などと書いてあります。これを源内のこの本の内容と比較して検討してみましょう。

・空想力、情報の活用……好奇心・冒険心の最大限の具現化
・現状への風刺精神……自分の客観視と問題発見力
・自立・自律精神……他人のせいにしないで自ら解決する

などがありますが、まさに独立したばかりの源内の生き方がこの本ににじみ出ているといえるでしょう。

▼絵画関連の指導者としての源内と仲間たち――蘭画、浮世絵、孔版画ほか

源内の多彩な才能は、いわゆる絵画部門においても発揮されています。西洋画は当初、蘭学の一分野として輸入されたのですが、源内自身が（外国人からの直接指導を受けることなく）書物の挿画の模写などを通して広めたといわれるため、日本の洋画は源内が生みの親という人もいます。また浮世絵の多色化、孔版画とも関係してきます。

ここでは後世に名を遺した3人の画家と源内とのかかわりと作品の一端を紹介します。

余談ですが、イノベーターの役割として未来をわかりやすく描く手法としては、ビジョンとかロードマップなどで、モデル化したイメージ図が用いられます。まさに源内にもそのたぐいの才能が天賦の才能としてあったといっていいでしょう。彼自身も西洋婦人像を描いているのは有名なはなしです（図6―4）。

油絵（蘭画）の指導者が生んだ秋田蘭画――小田野直武

安永2（1778）年7月、秋田の佐竹藩は源内を鉱山技術者として藩の古い銀銅山の再開発のために招聘しました。このとき源内が阿仁銀銅山に向かうため途中の角館城下に泊まった際、宿となった家にあった屏風絵にいたく感心したところから「秋田蘭画」が始まります。

絵の作者の小田野直武（おだのなおたけ）をただちに呼び、「お供え餅を上から描いてみなさい」

図6―4　平賀源内作の西洋婦人像画
（日本最初の蘭画ともいわれる。平賀源内全集）

図6―5　小田野直武（おだのなおたけ）の秋田・角館の実家と銅像

と描かせてみせたところ、単純な二重丸を描いた直武に「それではお盆なのか餅なのかわからない」と言い、立体感をだすための陰影法や遠近法を教えたという話が残っています。

このあと直武は、やはり絵が好きな藩主の特命で「銅山方産物吟味役」として鉱山開発の指導をうけるという建前だけの役職を得ます。そこで源内のあとを追って江戸に行き、2年以上同居しながら指導を受けたのです。なお、源内の紹介で杉田玄白の著した『解体新書』の人体解剖図などの絵を直武が担当することになるのも有名なエピソードですね。

直武は源内のもとで、西洋絵画技法を自己のものとしながら、日本画と西洋画を融合した画風を確立していきます。また、藩の殿様筋の佐竹曙山や佐竹義躬に対し絵の指導を行ない、この3人が中心になった一派が「秋田蘭画」または「秋田派」と呼ばれ、独自の画風をつくることになります。角館にある彼の実家（図6―5）や横手市の美術館などには、江戸時代の中・後期、秋田藩主や家臣がさかんに描いていた洋風画「秋田蘭画」が収集・展示してあります。

錦絵（多色刷り浮世絵）に関わる源内――鈴木春信

浮世絵を派手に多色化した東錦絵（あずまにしきえ）は、後の写楽や北斎などの浮世絵全盛のきっかけになります。この錦絵の始まりは1765年、鈴木春信・画の「暦」だといわれていますが、この春信は源内の近所にすんでおり、仲もよかったのです。

春信の弟子の司馬江漢は源内の弟子でもあったということで、最初の多色刷りの浮世絵に源内が関わり、かなりの影響をあたえただろうといわれています。

その理由は源内の金唐革細工の型押し手法、エンボス手法などで、それが春信の作業プロセスといくつもの共通点があるからです。状況証拠ですが、源内と春信はアイデアを出し合って相互に影響していたのは間違いないでしょう。

この暦というのは、いまでも毎年のカレンダーが必要になるごとく、毎年更新されるものです。そこで源内と春信は絵暦交換会を催し、多色刷り浮世絵の隆盛に一役買ったといわれるのです。江戸時代中期の粋なアイデアや美しい絵の「暦」が脚光を浴びて、庶民の間に大流行するという、源内らしい話ですね。

おもしろい逸話として「見当（けんとう）をつける」といいかたがあります。浮世絵にかぎらず多色刷りの場合には重ね合わせの技術が必要になるわけですが、この見当をつける方法は源内のアイデアといわれています。現代のハイテク技術といわれる半導体プロセス技術の基本も、重ね合わせ技術ですが、これもなんと源内にまでさかのぼる（？）ものかもしれません。


銅版画エッチング絵(孔版画)——司馬江漢

神田白壁町で、源内の居候になっていたのが、欧州銅版画エッチング絵（孔版画）で有名になる司馬江漢（しばこうかん）です。彼は前述の錦絵の創始者である鈴木春信の浮世絵の弟子筋にあたります。絵画について多岐に才能を発揮し、油彩画と銅版画制作の創始者とも呼ばれています。

図6―6　新田神社にある巨大な破魔矢のオブジェ

江漢は変わった経歴をもっています。師匠の鈴木春信の死後、師匠の名前で浮世絵を出しても偽作とばれないので浮世絵に見切りをつけて、当時だれもやっていなかった西洋風の独自の技法・画風に転換したのです。

彼は源内の才能に触れ、また源内の持っている多数の（絵の豊富な）蘭書にふれていました。錦絵を鈴木春信に学び、さらに油絵を小田野直武に学び、それらを融合します。それだけでは飽き足らず源内から学んだ（源内が持ち帰った）西洋のエッチング（孔版）技術をさらに発展させ独自の世界を切り開いたのです。かれもまた立派なイノベーターといえるでしょう。

▼マルチタレントのイノベーター源内

紹介してきた成果や作品以外の興味深い源内のタレントぶりを紹介しましょう。

破魔矢（はまや）を発想したのは源内

まずは破魔矢とのかかわりです。関連していくつかの伝説や事実が伝わっており、それらをまとめたエピソードを紹介しましょう。芝居と商品、神社商売に源内はさまざまな書き物を残しています。そのなかでも有名なものが福内鬼外（ふくうちきがい、ふくわうちおにはそと）のペンネームで書いた浄瑠璃『神霊矢口渡』です。これはもともと、武蔵新田（現在の東京品川区）にある新田神社（新田義興を祭る）に関係ある物語で、この新田神社こそがいわゆる源内考案の破魔矢の発祥の地といわれています。

「新田神社」のホームページによると、祭神として、源氏の白旗を立てたものが根付いた「旗竹」という昔から決して神域を越えることがない不思議な篠竹が生えており、雷が鳴るとこの竹がピチピチと割れたという言い伝えがありました。源内がこの竹で厄除招福・邪気退散の「矢守」を作り、広く祭神の神徳を仰がしめることを勧めたのが「破魔矢」の元祖だといわれています。

もう少し詳しくは、江戸時代の各種の書物にも書いてあります。それによると宝暦（1751〜1764）頃より「義興の矢」として、門前の茶店で売られていたものが、後に源内の提案により、五色の和紙と竹で作られ、新田家の黒一文字の短冊を付けたものが魔除けとして売り出されるようになったとしています。

まだまだある、今に生きる源内

・良薬は口に苦く、出る杭は打たれる習ひ

もともと「良薬は口に苦し」「出る杭は打たれる」ということわざは、源内よりずっと昔から伝えられてきた言葉です。源内は、この2つのことわざを組み合わせて使っています。薬に詳しく、源内の活動ぶりとイメージがピタリと一致するところがおもしろいですね。

・カラフルな麦飯の引き札作成

「引札（ひきふだ）」は、いまでは宣伝チラシの一種と考えられています。江戸時代にいまでいうイラスト、多色刷りによるカラフルな手法で庶民に配られたものを原形としています。源内が、当時の浮世絵の絵をいれたり、本章で述べたような多才人間ぶりを発揮して麦飯の広告宣伝にも一役買っていたといわれます。源内ならではのイメージがうかびます。江戸時代はもちろん、明治の中頃までは、画家と商業デザイナー、小説家とコピーライターは未分化だったのです。

▼ネットワーカー源内のアライアンス構成力と杉田玄白

源内は、もともと本草学者として高松藩にいるころから優れたネットワークをもっていました。江戸にでてからも、そのネットワークを維持・強化しつつ薬品会を開催、さらにそのネットワークからアライアンス（盟友）に展開することが多かったようです。

この時代に実際に長崎に行って、世の中の動き、オランダの各種物品、図書を見ながら、かれらにじかに触れ合った体験は、いわゆる蘭学者群像のなかでもかなり貴重な経験となっていたことでしょう。ここでは杉田玄白及び解体新書とのかかわりについてまとめてみます。

『解体新書』の挿画

源内の生きた江戸中期は、ちょうど蘭学医術の黎明期であり、前野良沢・杉田玄白らによる『解体新書』の翻訳作業の真っ最中でした。コピー機がない時代、そこでは大量の図版を原本『ターヘル・アナトミア』から手作業で写し取る必要があったのです。

杉田玄白から、『解体新書』の本文の翻訳がほぼ完成し、解剖図の画家を捜していることを知らされた源内は小田野直武を紹介したのです。小田野直武は『解体新書』の出版までわずか半年という短期間に、江戸での最初の仕事になる解剖図を写し取ったのです（図6—7）。

そこで源内はどのような助言をしたのか、詳細ないきさつかは不明ですが、おそらく大の友人だった玄白と直武の双方にさまざまなアドバイスを与えながら本書の完成にこぎつけたのではないかと推測されます。源内は日本学術史上の記念碑的な『解体新書』にも因縁があるどころか、仕事をプロデュースしたというわけです。

『解体新書』の絵についてはおもしろい話が残っています。『解体新書』が正式発刊される数年前にその予告編である『解体約図』が発行されています。その時にも絵がついているのですが、正式

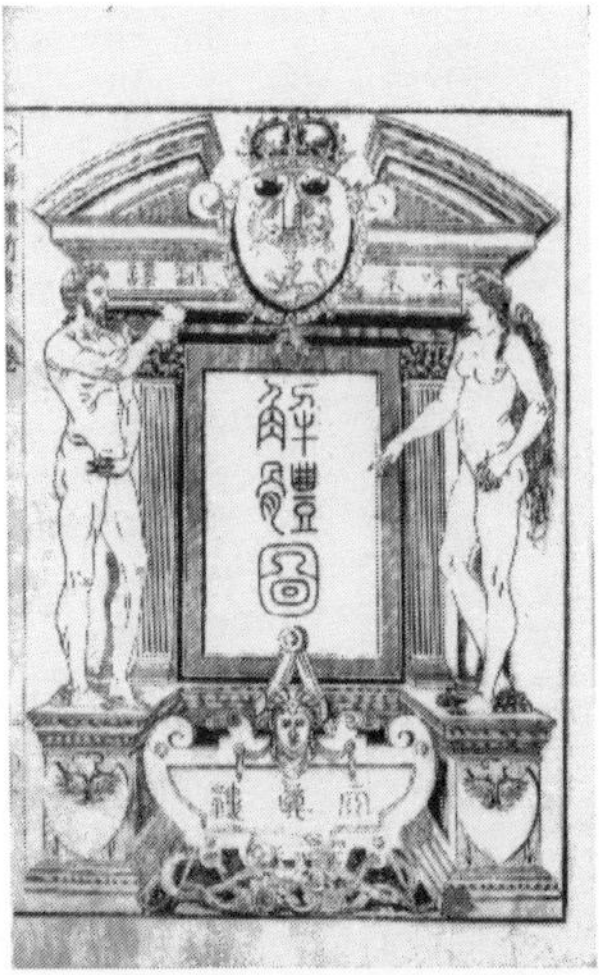

図6—7　『解体新書』と小田野直武の挿入画

図6—8　源内のお墓（志度（左）東京（右））

版と絵図を比べると、やはり直武による絵図のほうが、陰影表現の点で優れているのです。『解体新書』の挿絵の素晴らしさが、本の普及をかなり助けたといえます。直武自身は『解体新書』の序文に「下手ですが、断りきれないので描きました」といった謙遜を書いていますが、源内のネットワーク効果は大きいですね。

杉田玄白は一番の親友

『解体新書』を翻訳し、『蘭学事始』という回想録でも有名な杉田玄白はじめ、当時の蘭学者の間に源内の名は広く知られていました。玄白は源内より6年年少で、源内の死後も長く生き、その回想録では源内の才能に驚嘆し、その死を惜しんで源内との思い出話に一章を割いています。それどころか源内の死後、東京に墓碑を建て、「嗟非常人、好非常事、行是非常、何死非常」（ああ非常の人、非常のことを好み、行ないこれ非常、何ぞ非常に死するや）と記したのも玄白です。この墓標は、現在も台東区の源内のお墓に碑として残されており、直接拝むことができる歴史的遺産となっています。（図6—8：東京のお墓）

昔はここにお寺があったのですが、寺の移転話のときに、墓標と碑だけは何とか残ったという代物です。本来は獄死人の遺体は引き取ることができないというきまりだったそうですが（碑文にもそう書いてあります）、のちに墓の移転話のときに開けてみたらちゃんと骨壺があったとかで、源内の生存説ともからんでミステリーにもなっています。

作者	書名（日本名）	内容	発行年
スウェールツ	『紅毛花譜』	花譜、園芸植物のカタログ	1631
ドドネウス	『紅毛本草』	本草：植物図鑑	1554
アンブンス	『紅毛介譜石譜附』	アンボイナ島奇品集成	1705
スワンメルダム	『紅毛虫譜』	自然の聖書：昆虫学総論	1669
ヨンストン	『紅毛禽獣魚介虫譜』	禽獣魚介虫：動物図鑑	1660
ウィルグビー	『紅毛魚譜』	魚介類	1686
ブルックネル	『世界図』	18世紀の世界地図	1759
プリューシュ	『百工秘術』	科学技術啓蒙書 西洋手工業技術入門書	1748

図6―9　源内の所持していた主な蘭書（入手順）

源内の知恵袋、蘭書パワー！

源内のすごいところは、発明や技術の工夫だけではなく、その元ネタの情報量にもあるといえます。当時、長崎から入ってきた蘭書は多数あるといわれていますが、実はこれらの蘭書はそう簡単に一般の人に手に入るものではなかったからです。今に換算すると1冊数百万円もするような、すなわち当時の殿様や豪商しか買えないものだったのです。

これを当時、彼のように自分の手元において実践的に活用した人物はほとんどいないでしょう。そのうえ、見たい人にはかなり自由に見せていたというのも、彼の知識ソースだけでなく、いろいろな人を吸引するネットワークをつくるにも大いに役立ったようです。彼のまわりには有名人＝知識人が集まり、彼自身の知識・知恵の拡大にもつながっています。いまでいうと、ネットワーカー活用のアライアンス展開、そして結果としてオープン・イノベーションを実践した最初の人といってもよいのかもしれません。

彼が手に入れた蘭書は貴重だったがゆえに、入手記録も含めて自分自身できちんと整理されています。『紅毛花譜』からはじまり、有名なドドネウス（ベルギーの医学・博物学者）の『紅毛本草』、またヨンストン（ポーランドの動物学者）の図譜などと毎年のように自費で収集、購入していたのです。これらを入手順に並べてみたのが図6―9です。

源内はその著作『物類品隲』にこれらの図書の図版も利用しています。またヨンストンの『紅毛禽獣魚介虫譜』には精緻な銅版画が多数ついており、江戸時代日本にもたらされて多くの画家に影響を与えたのです。司馬江漢ら、当時の洋画家系統の技術の向上はこうした本の図を忠実に写すことからはじまったといわれます。厚いものでは10センチ、持つだけでも10kg程度もあるといわれ、これのなかの何冊かを抱えて長崎や秩父にいっていたという源内の姿を想像すると、当時の情熱と苦労が偲ばれます。

▼他人を喜ばす源内――人とのつながりとコア・コンピテンシー

源内を見ているだけで楽しくなる原点には、いろいろな人との愉しいつながりがあります。このあたりは、まさに源内の本質の一つです。

話は現代に飛びますが、今の日本の企業・個人では、コンピテンシー（他とくらべて本当に強いところ）が問われています。世の中は多くの同類との競争と協調の社会でもありますが、各企業とも手を変え品を変えて、他社を抜け駆けしようと必死になって、競争に走る傾向が強いのは否めません。しかし、自社が強い面をもつ（＝コア・コンピテンシーが明確である）と逆に余裕が出来るせいか協調（＝アライアンス、連携）のほうに配慮がいくようです。

実は個人としてもまったく同じ状況なのです。自分のコア・コンピテンシーを明確にしてそれを達成することが、技術者にも仲間づくりをするイノベーターの条件として期待されています。しかしながら簡単にコンピテンシーなるもの、強いところを見つけたり創り上げることが出来れば苦労はないのですが、そう簡単ではありません。源内も見方を変えれば、この強みをずっと追求し続けた人生だったかもしれません。

ではコンピテンシーを確保するためにどうするかというと、まずはこれまでに築きあげてきた基盤的な力の確認です。すでに自ら持っている（生来的にあり、それまでに獲得してきた）ものをベースとして自分の強みを明確にしていくこととなります。このあとは自分の潜在力を掘り起こして固めるのですが、足りないときには、ロードマップによる将来の方向性（ビジョン）の確認となります。

シナリオづくりとネットワーク力は目的ではなくて、手段です。他人が喜ぶというのは目的になります。源内の一生をトレースすると、そのヒントがいくつも見出されるかと思います。

第7章　新商品と自立に役立つイノベーター源内の知恵

今の日本ではいろいろな面でイノベーションが求められています。企業では新商品・新事業展開がそれに相当し、このために個人も単なる会社員やサラリーマンからイノベーターとして世の中に役立つことが求められています。

イノベーターの極意をもつ平賀源内を知ることだけでもイノベーション実現のためのヒントが得られるでしょう。言葉を換えると、源内の発想や知恵を現在に持ち帰ると、その考え方やマネジメント方法が役立ちます。

個人や会社にとっても付加価値となる今どきのイノベーターとは何をすべきか、どうしたらイノベーターになれるか、そこを見つけて整理することが本章の主題となっています。

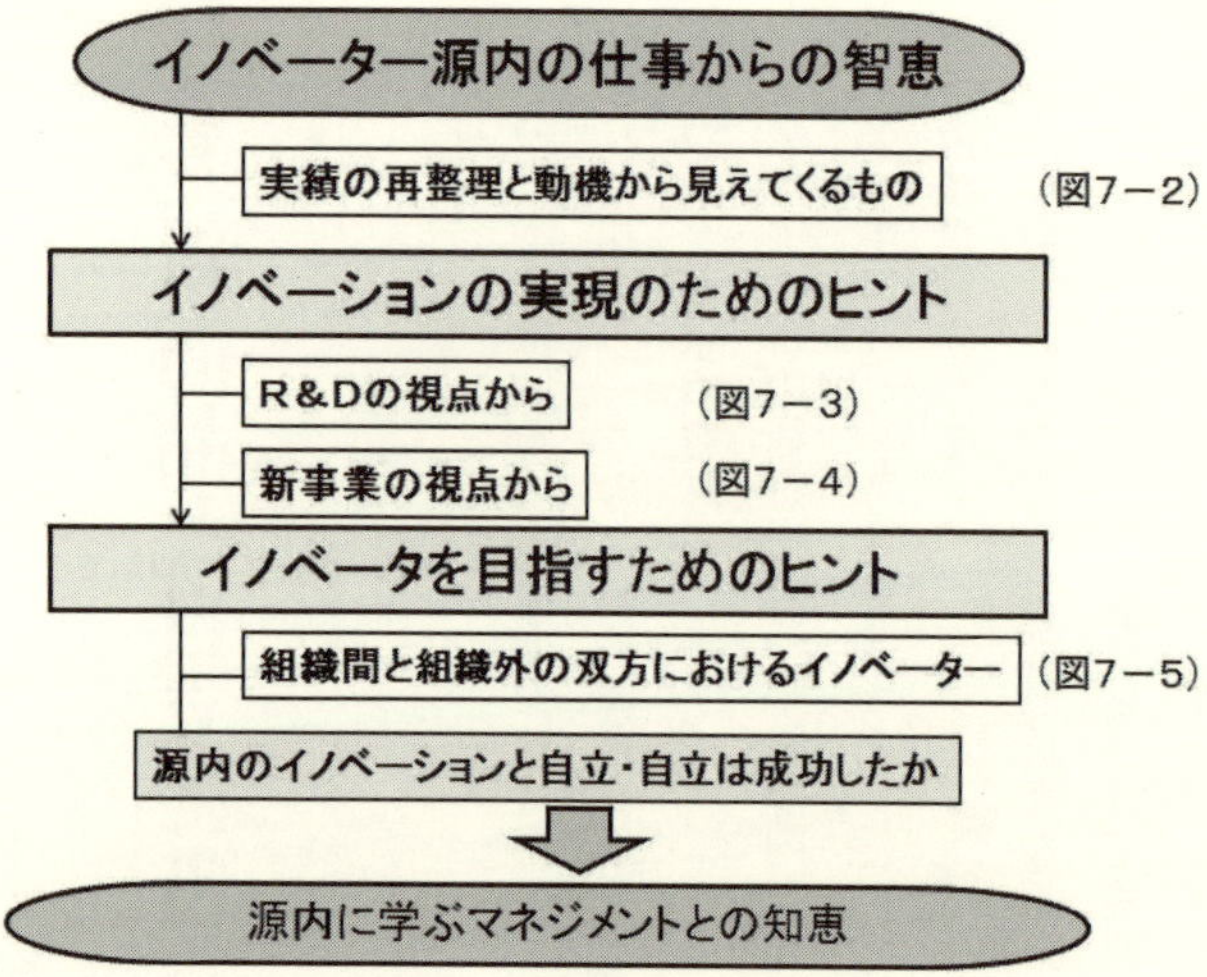

図7－1　イノベーター源内から学ぶ知恵の全体スキーム

▼イノベーターの役割とは――役立つ源内の知恵

本書ではイノベーターをイノベーションを起こす起爆剤的な人材と定義します。もちろん源内がそれに相当します。

ほかの人がやらないことを、最初にやることがイノベーターの条件、と簡単にいいますが、実際にはイノベーションを起こした人は少なく、これを実際に行なうことは極めて難しいのです（逆にいうと、だからこそ価値があるのです）。

この理由と現実的な対応方法について少し言及しましょう。

知識から知恵、意識、実践への展開のアナロジー

ほかの人がやらないことをやるというのはどんなことでしょうか。これをすこし考えてみましょう。新しいことをしようとしても、普通は置かれている枠の中の発想にとらわれてしまいます。画期的な考えほど現実とのギャップは大きく「出来ない理由」を探すのはそう難しくないのです。

その中で、源内は「できる理由」を探してそれを行なう能力（究極の楽しさ）を持っているといえます。通常の生活をしてパターン化した日常生活や考え方をしている限りはイノベーターになれないので、イノベーターを目指すということは、他人と違うことを考え、行なうことが必然的になってきます。

源内にみられるように、イノベーションは知識の集積だけからは生まれません。知識の上に新しい知恵をどんどん出して実践していく必要があります。世の中にはアイデアマンとか発明家はたくさんいますが、それから先を実現するイノベーターは少ない貴重な人材となります。

モチベーションとインセンティブ――時代背景と動機

イノベーターはせっかく出てきた発想を、いかに発想だけでおわらせずに試行錯誤しながら実現していくか、ということがポイントになります。このために必要なモチベーションを心情的動機、インセンティブを金銭的動機と考えて検討してみましょう。

モチベーションは、どちらかというと意識、精神のことなので、こういうことをやりたいという挑戦心、冒険心、満足心や、やらないとダメという危機感がある場合が多いのです。源内の場合には、日本の資源が外国にどんどん出て行ってしまうという危機感がまずあったものと思われます。そこに、源内自身の社会をびっくりさせるという挑戦心、満足心といったものが複合していたと考えられます。

インセンティブは、もともとは生活に困窮したときの、食うための資金不足（ハングリーさ）が最大のものといわれます。源内の場合、独立直後はハングリーさという面もあったでしょう。しかし彼のハングリーさとは、開発・事業化のための再投資資金獲得が最大の目的のようです。すなわち自分だけ楽するための資金かせぎというわけではないのがポイントでしょう。これもイノベーターの重要なポイントです。あとは実現のための試行錯誤をあらゆる手を打ってやるだけです。これらを総合して起業家精神（アントレプルナーシップ）といいます。

もちろん、源内の場合には当時のきつい身分制度の時代の足軽の息子でした。いかに藩主の寵愛をうけたにせよ、自分と周囲の名誉心、しっと心、立身出世心などにも複雑に絡んでいるといえます。その葛藤のエネルギーが、長崎行きのあとの脱藩、浪人暮らし、自立の仕組み作りとしてなんにでも手をだし、生涯のイノベーターになっていった経緯につながっていったものと思われます。

時代の変化への対応（環境変化の認識）

いきなり近代の日本の話で恐縮ですが、第二次大戦後の日本復興期、戦後の急成長期の技術の役割は生産技術が主流の時代であり、これが日本の勝ちパターンだったのです。すなわち、いわゆるプロセス技術を中心として、付加価値をあげるには「高性能」「低コスト」「高品質（歩留り向上）」

	世の中の環境	環境変化への対応ポイント	必要な人材イメージ
18世紀の日本(江戸)	・停滞、閉塞感、財政不足→殖産政策への切り替え (寛政の改革から田沼意次の時代へ)	・西洋の産業革命初期の新技術の導入による新商品、新事業の創出 ・日本の固有資源、技術などの再発見・発掘	・従来の組織や体制の殻を破る職人や実践的な知識人 (平賀源内、杉田玄白などのイメージ)
21世紀の日本(2012年)	・円高、インフラコストの上昇、閉塞感、国家財政大赤字→産業構造の根本的転換 (生産技術から新事業、新商品イノベーションの必要性)	・技術の付加価値から顧客価値の高い商品の創出 ・新事業の展開 ・大企業の工場巨大化のモデルからの脱皮 (多様な創造的な商品開発)	・単なる研究開発者や技術者ではなく、顧客と対話のでき、未来シナリオを描き実行できる人材 (イノベーター、アントレプルナーなど)

図7－2　源内のモチベーション：18世紀と現代(21世紀)の日本

の3点セットが金科玉条だったのです。これらは技術のなかだけで自己完結しますので、技術者と呼ばれる人たちは、いわゆる職人気質＝技術気質だけでよかったのでしょう。

最近、特に2000年代初期の日本の製造業は深刻な不況に陥りました。これは環境が変わって従来のパターンが通用しなくなったためです。この状況を考えると源内の時代の環境変化と類似しているともいえます。

このような環境変化下における源内の発想と試みを図7―2にしてみました。江戸時代中期も現代もイノベーターが必要という意味では、あまりかわりはないのでしょう。

▼イノベーションを実現するためのヒント（1）研究開発に役立つ知恵

源内の場合は、江戸時代の環境変化の中での役立つ事業化テーマを次々に見つけたことが、後年になって成果としてつながっていきます。これを現代の企業マネジメントについてあてはめると、研究開発テーマをいかにうまくみつけてかつ絞り込むか、ということになります。

いつの世の中でも科学技術は進化しても人間そのものは大差ないとすると、我々が江戸時代の源内から学ぶものは大きいともいえます。ここでは、イノベーションを実現するためのヒントとして、まずは研究開発に役立つ部分を検討してみます。

研究を目指す知恵と実績とは

研究は「芽を出させる作業」ともいいます。そこでは、しっかりしたシーズ（種）を確保して芽をたくさん出させ、苗床から移植可能な双葉に育てることが必要です。

研究ステージにおける源内の活動は、本草学における収集と分類、整理の積み重ねです。すなわち、見たものを写実的にできるだけ正確に写し取ることが大切です。このトレーニングがのちの開発や事業化につながります。また幼少期の作陶修業における土の選別、混合、焼き上げることなどは、すべての研究の基本的行動のベースとなっています。

本草学はターゲットが決まっているとはいえ、未知の要素が多数あるので、開発というより研究というのがふさわしいケースです。園芸にたとえると、最初に、好みの花が咲きそうな種を探し、あるいは自ら創り出すことに相当するのが基礎研究です。

続いて、苗床を設営し、施肥、pＨコントロール、粒度調整など、植える植物（の種）に応じた土壌の準備をするのが基盤研究です。ちょうど「土づくり」に対応するでしょう。そしてこのあと、種をまき、水をやり、注意しながら苗床で育成してやると、まず根が生えて、そして芽が出てくるわけです。

研究段階での源内の成果をもう一度思い出してみましょう。各種薬草の発見、亜鉛鉱の発見、芒硝の日本での発見、物品展（博覧会）実施・（目録の）作成などです。そして、開発につながる基礎的な素養を高松藩の先人から学び、江戸で師匠をはじめいろいろな人との交流によって多数の先

	主なポイント	源内流の実践	源内から学ぶべき知恵
研究ステージ（R）	（新しい発想の工夫） ・広い視野による新しい技術シーズの発見 ・技術シーズの体系的位置づけと再現性確保	・色々なところに出入りをして、何でも興味をもって交わり、謙虚に学ぶ ・本草学、陶器の製造などを一から学ぶ	・広い視野とネットワークの醸成 ・多くのテーマへの興味と集中 ・基礎的学問の充実と専門性の確保
開発ステージ（D）	（試作と工夫） ・世の中のニーズとシーズに合う開発目標の設定 ・最新技術の調達と活用 ・目標に会う応用製品の開発 ・試作品の早期完成と試行錯誤	・長崎にて未来のニーズとシーズを学び、入手する ・江戸にて幕府や藩主の新商品オタク層のニーズを直接把握（物産会など） ・自分で工夫していろいろやってみる ・多くの職人を身近にそろえる	・諸外国への見聞とネットワーク ・トップ（オタク、先進的顧客層）のニーズを把握 ・試行錯誤の積極的な実践 ・試作のスピードアップ

図7－3　研究と開発に役立つ源内の知恵

人から学びました。

開発は「花を咲かせる作業」：源内の開発から学ぶこと

研究ステージが芽をださせるステージなら、開発ステージは、若葉の状態から立派な花をたくさん咲かせるまでに相当します。ここを、すこしわけてみると「技術開発」は、製品や事業分野などの技術要素のいくつかが、未完の技術であると認識される場合のものです。「製品開発／商品開発」は最終のターゲットが明確になってきた段階の開発です。

園芸作業でいうと、双葉から花壇へ移植可能な「ポット苗」までに育てる段階が開発初期です。移植に成功したら枝葉が出てきますが、ほっておくと必要以外の枝芽がどんどん出てきてしまいます。余分な枝芽を摘むことで、本当に育つ必要のある芽（花芽）だけを、適宜残して育てるのが「製品開発／商品開発」の絞り込みの技です。

源内の時代は仕事を分担するのではなくて、一人または職人（弟子）を使って全部やるのが主流でした。いまのように仕事を分担してしまい、効率を追求することとは違います。このため全体を見通すことが迅速に出来ることを意味します。源内の開発の仕事はまだ事業になる前の試作段階です。たとえば開発段階での事例としては万歩計（量程器）、磁針計、竹トンボ、火浣布、寒暖計、朝鮮人参栽培などです。

源内はテーマを拡げながらも、それぞれに果敢に挑戦して何らかの実物や記録をしっかりと残しています。このあたりはイノベーターの第一歩としてもっと評価されてもよいところだと思います。図7―3には、研究・開発のポイントと源内の実践、まなぶべき知恵についてまとめてみました。

▼イノベーションを実現するためのヒント(2)新事業展開に役立つ知恵

イノベーターは事業化まで見据えて試行錯誤する人と定義できます。そのときに儲けられるかどうかは、顧客の不確定性さやタイミングもあり難しいのです。源内の仕事を見ていても、すぐにビジネスになってお金儲けまでつながるかというと、そう簡単ではありませんでした。しかし、そういうことを率先して行なう人がいなければイノベーションは起きないのです。これがイノベーターの必要性となります。

最近の日本でも、技術に加えてその先のイノベーションのマネジメントもわかる人材が必要だということで、企業や主要大学でMOT(技術経営、技術のマネジメント)と呼ばれる講座が始動しており、筆者もいくつかの企業の研究開発者や大学で学生相手に教えています。これは、これまで「新しい種を求め」「花を咲かせる」ことに集中してきた技術者に対する、「団子を売ってみろ」あるいは「売れる団子を目指してやってみているか」という問いかけです。

しかし、〝園芸家〟のキャリアを捨てて〝団子屋〟になれというのではありません。この辺に誤解があるかもしれません。まずは〝花〟を咲かせる喜びを知る人が、その知識と経験を生かして〝団子屋〟を経営してこそ、「花見団子」という付加価値を見出せるはずだということです。

	一般的なポイント	源内流の知恵と実践
開発ステージ	開発ターゲットの明確化と技術開発による迅速な製品の完成 (製品開発)	・源内自身と職人チームによる迅速な開発の実施 (エレキテル、そのほかのほとんどの開発の場合)
死の谷	技術シーズ主体の製品と顧客ニーズ主体のニーズのミスマッチによる時間軸、費用軸のズレによる中断	・第一線（前線）で、直接各顧客層の意見を聞いて、真のニーズを掘り起こすことで、開発品とのマッチングを図り超える。 （例：源内櫛、金唐革紙、エレキテル、源内焼）
事業化ステージ	顧客価値を得る製品サービスの供給による事業のスタート (商品開発)	・アドホックな組織による顧客価値を見定めた実際の対応を実施 (エレキテル興業) ・ニーズに合わないものは凍結する (例：磁針器、量程器など)

図7－4　死の谷を超える源内の知恵

このあたりは理科少年シリーズ①の本に詳述したので省きますが、源内においてもそこがポイントで、まず「花が咲かないと楽しくないだろう?」と自らも楽しむことが試行錯誤に必要なのです。どんな分野の技術者も、花を咲かせる本能を持っています。その本能に素直に従い、花を咲かせるようにするのが自然だと思います。それがイノベーター源内の仕事にもつながる知恵となります。図7―4には死の谷のこえ方も含めて参考ポイントをまとめてみました。

▼イノベーションをささえる源内の志と技術・市場

自分の意識を変えることが、世の中や日本を変えることにつながっていきます。個人についても自立・自律が可能になり、未来価値が画期的に増大します。ここでは、志と自分の強みとしての技術力、マーケティング力についてみていきましょう。

まずは源内の持っていた技術の意味です。役に立つ技術とは先端的なもの（ハイテク）だけでなく、基盤的で長年培ってきた基本的なもの（ローテク）をふくむものです。この面で源内をみていくと、まさにハイテクである西洋文明の科学（長崎で見て、学んだ蘭学）とローテクともいえる中国伝来も含めた日本古来の本草学をベースに、体系化された基盤技術をうまく組み合わせるマネジメント力が示されています。

一方、マーケットに関するアプローチはどんなものでしょうか。最新の先端的なマーケティング理論である「キャズム理論（階層別商品戦略）」では、先端的な顧客層をまずつかみ、それから大衆対応のマーケティングを行なう必要性が述べられています。源内の実践でも、金持ち商人、殿様、大名などのニーズを知るとともに、大衆の欲求も熟知するという、まさにこの順番が実行されているといってよいでしょう。

また志の部分ではこれまでにも繰り返し出てきた、イノベーションの動機として長崎で見た日本の資源などの流出、日本の弱体化を食い止めたいという危機感であることは言うまでもありません。

▼イノベーターを目指すためのヒント(1)組織の中でのイノベーターの生き方

組織の中にいる人間は、当然ながら組織の中で成長していきます。しかしながら、その組織のキャパシテイ(容量)を個人の能力が追い越してしまう遷移点が来ることも多いのです。

とくに新しいことを行なうときに、組織の枠から個人の能力がはみ出すことがあります。この場合、組織の中の人生をまっとうするか、またはいつどのように組織を卒業するか、江戸時代の高松藩に属していた源内の場合にも同じことが起こりました。ここでは源内の生き方を学ぶことにより、個人(技術者、会社人)としての組織とのかかわりの最適解を模索していきましょう。

自分の能力の伸長と自立・自律

個人の能力は組織の中に入った(入社)ときを起点に、通常は組織(会社)の中で仕事をしていくに従ってリニア(直線的)に増大していきます。とくに技術者の場合は、新しい課題をもらい、それを実現していく過程で、多くの人の協力を得ながら新しい知識と智恵を獲得していくものです。

一方、組織（企業）側における枠組みを考えてみましょう。組織の中での可能性は、ある時代から必ずしも常に増大するものではなく、場合によっては現状維持または縮小していくこともあります。もちろん、所属している組織がどんどん大きくなってくれればよいのですが、そう簡単にはいきません。

それぞれの立場で、思い立ったところがスタート点でもあります。ほとんどの人が組織の中の一時的な役割分担にすぎないのです。源内の場合でも自分のやりたかったことが見えてくると、特に封建的な藩の組織は窮屈になったことでしょう。その後も含めて活躍するためには、脱藩し個人として自立・自律するしかありませんでした。

最近とくに理系の仕事が変化してきています。特に新しい商品などを創出すること（＝イノベーション）が技術者（研究・開発者を含む）の主な仕事になってくると、ピラミッド型の年功序列はかなりの会社で崩れて、事業構造や技術者の生き方も見直しがせまられてきます。このような状況の中で生きていくべきパターンの再検討が必要になってきます。

源内を現代の（企業のなかの）サラリーマン技術者と仮定すると、どのようなことが考えられたか、選択肢という切り口で検討してみましょう。

2つの選択肢から3つの選択肢へ

組織の中の理系イノベーターの役割を検討すると、これまで技術者（源内）が企業（藩）のなかで活躍する生き方では、2つの選択肢が一般的でした。

①ジェネラリストとして経営者・管理者となる……藩で仕事の実績を上げていわゆる藩の主要なポストや重役などになることが挙げられますが、現実的には身分制度のきつい江戸時代は無理です。しかし現代では実力さえあれば可能と思われます。

②技術専門職として企業に貢献する……藩の指南役、藩校の本草学などの教授などになること。これは源内も可能だったし、現在でも社内的にも可能と思われます。

自立・自律しようという起業家精神旺盛な人々には、右記2点以外にも第三の選択肢を増やすことができます。源内の場合もまさにそれで、特に今の日本がおかれた情況や田沼意次の殖産政策下の江戸中期では、そのニーズは社会的に増大しています。

③プロジェクトを起こし、社内起業（コーポレートベンチャー）し、プロジェクトマネジャーとなる道です。藩でいうと新しい商売を起こすための組織の創設や事業ののれん分けみたいなものです。そこから自立できるようになったら、独立するのも手です。

源内はその当時の封建制の強さのため、結果的にこの第三の方法を藩外で選択しています。現代において有力な方法の一つは社内起業をすることです。会社内の豊富な原資（人材、資金、設備、技術、ブランド等）を使って、個人的にはほとんどノーリスクで新しい事業を行なうことができるわけです。

江戸時代の高松藩はその制度がなかったのですが、現代の会社はそれを望んでいるというのならば、起業家精神のあるサラリーマン技術者にとっては、絶好のチャンスであるというわけです。

▼イノベーターを目指すためのヒント(2)独立したイノベーターへの生き方

新しいイノベーションを起こすための究極の組織体制は、会社や組織の枠を超えた（ベンチャー）企業創設になります。源内の場合の自分の能力の拡大と藩（会社）の限界線の交差する区切りの時がそれに相当し、源内が36歳のときでした。

ここでは源内ならぬ現代の一般技術者の独立・起業を例にとって、その基本的な独立する考え方について簡単にふれてみましょう。いったいどの程度の年齢やレベルの技術者が起業に適しているのでしょうか?

大企業の技術者においては、入社後5―10年間程度は社内の技術やシステム、仕組みの把握、信頼性の形成に内部で学ぶことが必要となります。またこの時期は、組織の外（社外）的にも実績と信用、ネットワークを作る大切な期間となります。

源内にはそれがありました。源内は最初からプロフェショナル（プロ）への自立を目指していたといってもよいでしょう。組織内における「専門家」はあくまで組織内だけのものです。会社の中の専門家は狭い範囲ならば3時間、少し広い範囲でも3日間で専門家となれる可能性があるといいます。

現代の企業ではそのように専門家になることを求められているのも事実です。対外的に組織を代表するときは、短期ではそれでもよいでしょうが、もう少し長期の展開になってくると「社内」専門家ではなかなか通じにくくなりプロになることが必要です。源内の生き方例を考えるといろいろなことが見えてくるでしょう。

源内では、プロになる3つの要素が見事に達成されていました。すなわち

①体系的な知識の取得：幼少時代からの学問と西洋の発達した体系化の知識を得ており、長崎と蘭書からさらに深く学んでいます。

②その道のプロに師事する：江戸の田村元雄は本草学の第一人者、大坂の旭山も第一人者、さらに長崎で西洋の各種最先端機器と直にふれあうこと含めます。

③一緒に学び議論するプロ仲間の存在：杉田玄白はじめ当時のそうそうたる蘭学者、芸術家と親しくしていたことがあります。

	一般的なメリット（+）・デメリット（−）	源内の知恵
組織内におけるポイント	＋：人、モノ、金、技術、情報、信用力などが大きい。トップの指示があると動きやすい。 ー：新しいことを行なうときに、動きにくい（組織は既存事業体制の官僚的体質である）	・〜３３歳：高松藩との雇用状態（２７歳までは直雇用、３３歳までは比較的自由な殿様ご用役） ・３４歳〜：幕府との間接雇用（田沼意次の知恵袋） ・秋田藩、仙台藩などでのコンサルタントとして活躍するとともに信用度の高いネットワーク維持
独立時におけるポイント	＋：新しいことを行なうときに、自由に最適化を試行錯誤できる ー：実績がないので、人、モノ、金、信用力などすべてに劣る	・２７歳で一度辞表を提出することにより、藩からのある程度の自由度を確保。幕府はじめ他藩との交流の可能性を開いた ・３４歳で完全独立による、実践の自由度を得た。 ・才能のある、革新度の高い各種人材との交流、ネットワークの確保

図７－５　組織内と組織外における源内の知恵と実践

源内にみるように、エンジニアはいろいろな方向を向いて仕事をすることができます。夢と可能性を重視すれば楽観的に仕事を進めることができます。あまりリスクを重視すると、本来楽観的なものさえ悲観的になっていきます。もちろん、このような脱藩や独立は誰にでもできることではなく、開発という不確定要素のある中で大変チャレンジングな点も多々あります。そのときのよりどころはやってみて「嬉しい、楽しい、疲れない」なのです。

さて源内と皆さんの強みは何でしょうか？　図7—5には組織内と組織外における源内の知恵と実践をまとめてみました。

▼源内のイノベーションと自立・自律は成功したか

平賀源内のいわゆる〝脱サラ〟は成功だったのか、失敗だったのかについて、個人の自己実現と自立・自律の両面から検討してみましょう。

本書でも触れてきましたが、源内は2度にわたって藩に正式な辞表を出しています。実は33歳の脱藩の時の藩からの許可状の解釈には2説あり、その評価は固まっていないのが現状です。いわゆる「お構いなし」という表現に加えて、伝わった書類に脱字があるとの説もあり、このあたりも源内らしいミステリー（？）になっています。すなわち、「脱藩は許すが他への仕官は認めない。藩への出入りは認める」解釈と「脱藩を認め、他への仕官も自由、藩への出入も認める」という解釈です。もし、源内が他の藩や幕府への仕官を志願していたら、前者の場合には大変厳しい処置となります。

〝脱サラ〟失敗説とは、前者の厳しい解釈によるもので、2回も藩に辞表を出しながら藩から中途半端にしか独立できなかったということが基本になってます。この解釈は、藩という社会システムを理解、把握せずに自分の都合だけで勝手に行動したので、最後まで藩の呪縛から逃れられずに中途半端になってしまった、そんなことなら藩内にとどまって仕事をすべきだったということになります。

この件について、源内は一言も言及していないので、真相は残念ながらよくわかりません。しかしながら当時、戦略的な完全な脱藩とはありうるのでしょうか。

その観点でいうと、源内は脱藩先からペナルティを課せられるわけではなく、出入り自由などという昔の封建社会ではありえないような特権を付与されていたのですから、結果として成功した、と考えたほうが妥当ではないでしょうか。

筆者の解釈は、源内は組織からのいろいろな呪縛から自由になりたかったし、まさにその自由を手にしたからこそ、あれだけの魅力的なイノベーターの仕事ができたというものです。いろいろなことを自由に行なうことができた理由の一つは、まさに脱藩して独立する覚悟があったからでしょう。今でも会社を離れ独立しようとするときの心構えは、納豆が糸を引くように、つながりをうまく持ちながらやりなさい、が正解です。離れた藩もうまく活用するのが基本です。

ではもし源内が脱藩していなかったら、または完全に早々に脱藩していたら、という「たらればしの仮定のもとで検討してみましょう。

①もし源内が脱藩していなかったら：たぶん藩の薬草園の園長クラス、藩の主治医レベルにはなったが、高松藩の外まで聞こえる仕事はほとんどしていないでしょう。

②高松藩と完全に縁が切れて脱藩していたら：大坂、江戸での修業時代をまっとうできていたか？

高松藩の名前があったからこそ、そうそうたる人脈ができたのだと考えられます。

どちらにせよ、すくなくとも〝マルチ天才人間平賀源内〟は、後世に残っていなかったでしょう。エレキテルも土用の丑の日もなかったかもしれません。後世の人がなんといおうと、平賀源内のキャリアアップの経歴は絶妙に成功した、と考えられます。

▼起業家精神、イノベーターの意識――源内の原点とは

起業家精神とは何か？　先人の智恵と努力の結果、現代の日本が近隣諸国や発展途上国にくらべて格段に豊かになっているのは疑いのないところです。

かつての日本では、起業家精神はハングリー精神と重なっていたわけですが、いまでは異なったものと考えたほうがよいでしょう。「失うものがないから、とにかく挑戦するのみ」という一か八かのハングリー精神だけでは通用しなくなっているのです。源内を見ていると、よくわかりますが、彼の行動はハングリー精神だけではないのです。

源内が行なったイノベーションや事業への試みは、発明のように一人ではできません。多くの人たちを巻き込むだけでなく、他人の蓄積された技術やお金も使っていきます。イノベーションのチャレンジとは、他の人の反対を覚悟しそれらを説得し納得させるという行動も必要になるのです。

源内の行動を少し整理してみましょう。

藩の中の使用人の立場から、源内は独立して自立・自律する技術者になっていきます。まず、これは人生のイノベーション志向ともいえます。ここでのイノベーションとは、強み（技術など）をマーケット側での価値へ転換（顧客価値への転換）する自己実現と考えておきましょう。サラリーマンとしての技術者時代はいずれ終わりの来る（追い出される）修業の期間です。考え方によっては、幕府、藩（国、自治体）や大企業などの組織は、給料をくれる大学院、ビジネススクールなのです。

ただ、気をつけなくてはいけないのは、大きな組織はあまりにも居心地がよいので、往々にして修業時代、勉強時代ということを忘れてしまい、組織内に存在することが目的となってしまうことです。これを「ゆで蛙現象」とよびます。

これら（大企業病と呼ぶこともあります）を乗り越えていくことがキモとなります。オーナー経営者以外は使用人、いずれクビになるということをよく認識しておくことです。

すなわち組織人はそのまま放置しておくと、組織を追い出される〝卒業〟はすぐにやってきます。その時では遅いのです。源内は、「ゆで蛙現象」を避けて、すばやく先手を打っています。

また独立してからは次々と金山事業、鉄山開発事業、源内焼事業、毛織物製造事業、炭開発事業、源内櫛事業、金唐革紙事業などを始めます。これらは事業の実現には遠かった場合がほとんどですが、それらが将来のイノベーションを支えていくのです。

独立への決断と当時の平均寿命

江戸中期での50歳はどのような位置づけだったのでしょうか。現在では50歳は壮年として一番油が乗っているときです。しかし1700年代で考えると人生50年（平均寿命は乳幼児の死亡率をどの程度で見積もるかで、数字が違って来ます）。幼児期を超えて生きながらえた人でほぼ50歳くらいのようで50歳はまさに晩年、余生となる区切りの時期といえます。

江戸時代においては、途中、飢饉などがあり人口減少要因が散発的にあったとはいえ、徐々に平均寿命は延びてきていたことは間違いなく、乳幼児の死亡もいれて江戸初期で30歳程度、18世紀、2歳児の余命が43歳だったとすると、これは、西欧の平均寿命を大きく上回るといわれます。日本の江戸は昔から長寿命で、人口密度も世界一の場所だったのです。

そんななかで残りの人生を本番と思うか余生と思うかで、生き方は人それぞれに分かれてくるかと思います。源内が36歳になったとき、人生50年、あとはやっと本番だと考えたことでしょう。

また、源内は52歳のとき、これからの時に無意味な殺傷事件を起こして、その才能を自らつんでしまったという論評もあります。しかし筆者は、ここでは源内はこの時代の寿命を十分に使って、見事に駆け抜けた男、素晴らしいイノベーターと評価したいと思っています。

コラム⑫　平賀源内への批判的意見へのコメント（4）　人間性編

・交友関係がわるい、専門で高めあうひとたちでなく、ザコが多い

⬇彼の師匠、知り合いには、杉田玄白、前野良沢はじめ司馬江漢など、江戸の各分野で後世に名を残すそうそうたる人物がいます。まさに、才能のある友人同士でイノベーター能力を高めあってきたのでしょう。

・脱サラの失敗、無計画、浪人になってしまったこと

⬇源内の脱藩は2回にもわたっています。家督を妹の婿に継がせるなど、手順を踏んだ脱藩手続きは決して無計画とはいえないのではないでしょうか。さて、この脱サラは失敗だったのでしょうか？　もし源内が脱サラしていなかったら、今に残る源内の仕事はどれだけあったのでしょうか？　たぶん世の中に記録として残る仕事はほとんどなかったのではないでしょうか？　これは脱サラの失敗とはとてもいえませんね。

・自分本位で人間関係として周囲とうまくいかない、子どもが大人になっただけ

⬇この批評も当たっていないことは、少しでも源内を知っている人はわかるでしょう。たぶん、晩年の酒を飲んでの殺傷事件やエレキテルをめぐるトラブルのところだけをとらえた発言かと思われます。

ほとんどの場合源内の周りはオープンでまた、多くの人々が集まっていたことを考えると、人間関係はかなり良好で、周囲とのやりとりもかなりうまくやっていたと思われます。特にいろいろな開発や事業化では、周囲の協力なしでは、ほとんど機能しません。その意味でも、コミュニケーションについて、かなりうまくやっているのが源内の持ち味であることは疑いないと思われます。

エピローグ　未来に活きるヒント
――若き源内の出現が日本を救う

これまで平賀源内の仕事を「源内をイノベーターと仮定したらどう見えるか」という視点で見てきました。ここではそのまとめとして、筆者の目でみた日本の未来・現在における源内的行動の意味を述べてみようと思います。

▼イノベーター源内の実績――未来価値の大幅な増大

源内はどんなイノベーションをどこまで起こしたか？　それが現代にどのようにつながっているか？　当時の時間軸で判断するのがここでの役割です。

図8―1では、源内のイノベーションの実績として、まだ開発段階のもの、イノベーションへのトライアル中のもの、イノベーションが少し見えてきたものに整理してみました。

これまでに述べてきたように、イノベーションには失敗がつきものです。ほとんどのものは失敗

	源内の実践内容	コメント
開発段階	・量程器（万歩計） ・磁針計、平線儀 ・竹トンボの発明（史上初のプロペラ） ・源内凧（相模凧） ・大型風船（熱気球） ・ライター ・寒暖計	・色々なものを西洋の図書や実物を見て自分でも作って復元する（西洋にできて日本でできないことはないとの確信を得る） ・新商品が目的ではない。どちらかというと、試作開発物件としての練習台
イノベーション途中	・毛織物製造 ・火浣布 ・金山事業 ・鉄山開発事業	・新事業、新商品を目指して企画、スタートしている ・源内の生涯中で成功したとはいいがたいがイノベーターの仕事（日本で最初）としては評価できる
イノベーション完了	・炭流通事業 ・源内焼 ・金唐革紙 ・源内櫛 ・エレキテルの興業化	・源内の生存中に収益を生み出した、新商品・新事業・日本やその地方で最初の試みとして行なわれて当時のビジネス化に成功した

図８－１　源内のイノベーションの進捗度と評価（江戸中期での判断）

して消えていきますが、源内のそれは残っているものが多いという特徴があります。これは源内が本物のイノベーターである証と考えてよいでしょう。

▼イノベーターのリーダーとしての源内

日本におけるイノベーションのプロセスを研究している第一人者の野中郁次郎さんは、いわゆるイノベーターにそなわるべき「賢慮型リーダーシップ」において下記の6つの条件があるといっています。本書のまとめとして源内に対応させてみることでイノベーターとしての資質を再検証してみましょう。

(注:野中郁次郎著『イノベーションの本質』日経BP社[単行本]、「イノベーター育成」内閣府説明資料など)

①ビジョナリー:卓越した「善い」目的をつくる能力

いわゆる旗とか大義名分、企業などではビジョンともよばれるのが卓越した「善い」目的です。源内の場合、そのきっかけは、日本という国の財宝である金銀などの天然資源が、西洋の物品代として流出しているのを長崎で目のあたりにしたことです。そんなことをしなくても日本国内で工夫すればほとんど揃うはずだという思いが、その「善い」目的となっていると推測できます。

②共創の考えができる：未来を共有して場を醸成する能力

源内は独創の人ではないようです。手がけた多くの発明品、西洋の改良品、修理品、工夫した模造品などにおいて、そのすべてともいっていいほど協力者が存在します。これはいろいろな人からの協力を積極的に仰いだ共創を示していますし、他者とコンテクストを共有する場の形成能力が抜群だったのでしょう。源内の独自の工夫のある陶器、絵画、戯文などについても、共同作業的になっているのは、まさにこの共創能力が十分であった証といえます。

③本質を見抜く：環境変化を認識し個別の本質を洞察する能力

西洋の機器とほぼ同じものの復元ができることは、環境変化を認識し、個別の本質を洞察する能力に相当するでしょう。目的や機能を推定して、カラクリをつくってしまう、センスとカンの優れた能力ですね。有名なエレキテルの修理にしても、原理がわからなくても、試行錯誤で直して工夫して本物よりもよくしてしまいます。また蘭画をとくに習ったわけではないのに、絵心がある専門家（例えば小田野直武）に逆に教えることができるというのも、この本質を見抜く才能といえるでしょう。

④実践、試行錯誤力：個別具体と普遍を往還し相互変換する能力

ここでは試行錯誤するだけではなくて、ちゃんと結果を出すことが必要です。試行錯誤しながら、

目的を貫徹する能力であり、これが源内の得意としたパターンと考えられます。ことばを換えると仮説構築と実証力であり、難しくいうと個別具体と普遍を往還／相互変換する能力ということもできます。

⑤変化への対応力：状況にその都度フレキシブルに対応して実現する能力

現実的なイノベーション実践の世界では、フレキシブルに対応することが実現力となります。そのためには、いろいろなケースを予め仮想しておくことが大切です。源内は試行錯誤のなかでリスクヘッジという次の手の準備とそのフレキシブルな対応力が抜群にすぐれていました。その都度の状況で、さまざまな課題を認めつつ実現する能力に秀でていたのです。

⑥コミュニケーション、共有化、説得力：「賢慮」を伝承・育成する能力

ここでいう「賢慮」は、自分の考えではなくて、殿様とか上位者の考え方をうまく解釈し、それを皆で実現する力と捉えてみましょう。まさに高松藩の松平頼義の意向、田沼意次の意向をうまく解釈し、伝承・育成させたことが、源内が重宝されるようになった理由です。この結果、いろいろな分野で成果を残し自己実現できた理由でもあるかと思います。

▼イノベーション実現のための源内のマネジメントのいろいろ

不確定な未来を可視化し、方向性を決定することは必須のマネジメント力です。ビジョンとロードマップ構築力と言い換えてもいいでしょう。この面での源内は、未来を構築して、その未来から考えるという抜群のビジョン、シナリオ力を発揮しています。

実践力と起業家精神の源泉と実力については、すでに述べたとおりです。源内は何でもすぐに始めて、あきらめない実践力、初めてでも躊躇せずに挑戦し継続する実践力を有していました。また、皆の（世の中）のためになることを一番に挑戦するというイノベーションのマネジメント力を本能的に発揮していました。

図表としてこれらを一覧にしたものが、図8―2となります。

▼今、まさに必要とされている源内的マインドと行動

これも何度か述べていることですが、源内のイノベーターとしてのモチベーションには、資源流出を目のあたりにした日本の行く末への危機感がありました。日本を救うためには知恵を出さなくては、貴重な資源がどんどん流出してしまうという環境に対する敏感な認識です。それは現在の日本の情況にもつながる本能的な危機感といってもいいでしょう。

イノベーションのマネジメント基本	源内の実践と知恵	ポイント（ＭＯＴ視点での解説）
イノベーションの動機、志の力	・長崎で見た日本の資源などの流出、日本の弱体化を食い止めたい	・危機感と環境変化への対応力
技術の基本力（ハイテクとローテク）	・本草学をベースに体系化された基本と、長崎で学んだ蘭学というハイテクを組み合わせる	・基盤技術と先端技術をうまく組み合わせるマネジメント力
市場へのマーケティング力	・金持ち商人、殿様、大名などのニーズを知るとともに、大衆の欲求も熟知する	・キャズム理論（階層別ニーズへのマーケティング戦略）の実践
プロジェクトのマネジメント力	・自分でもできることをベースに実作業は職人などと組んでプロジェクト化	・イノベーション型の双方向マネジメントの実践
アライアンス展開力	・さまざまな相手を巻き込んで、実際の展開を行なっていくことに優れる	・他組織をうまく使い、しかし取り込まないのがポイント
ビジョンとロードマップ構築力	・俳句などで鍛えたシナリオ構築力、後年は戯作などでも威力を実証	・未来を創り、未来から考えるというビジョン、シナリオ力
実践力・起業家精神	・何でもすぐに始めて、あきらめない実践力と初めてでも躊躇せずに挑戦し継続する実践力	・皆の（世の中）のためになることを一番に挑戦するのが起業家精神

図８－２　イノベーションのマネジメント基本力と源内の知恵

源内が長崎で見聞したことを、もういちどまとめてみましょう。唐の陶磁器や西洋の羅紗製品、医薬品、各種機械工作品などが非常に高価にもかかわらず、日本の大名や商人がどんどん購入（輸入）していること、その対価として金銀などの貴重な資源や鉱石がおしげもなく国外に流出していたのです。

一方では、日本の伊万里、唐津焼きなどを含めた日本の工芸品を西洋人が喜んで買っていく、すなわち輸出されている様子もみています。源内は各種知識（博物型）と器用さ（工作型）を兼ね備えていました。それゆえ長崎で西洋の機械・絵画、陶芸品などの工芸品や芸術面に触れて、その技術レベルや内容がわかるだけに（いわゆる品物の目利きが出来ます）、大変歯がゆい思いをしたのだろうと推測できます。

そこで源内は、国内で既存の技術を使って工夫すれば、ほとんどのものは輸入する必要はないし、日本の職人芸でアレンジすれば、むしろどんどん諸外国へ輸出できることを提案していたのです。まさに技術立国日本の基本的考え方ですね。

今回の本で紹介した彼の行動のなかに貫いているのは、そのような日本の危機的状況を打破するための先駆者、イノベーター活動であるといってもいいでしょう。それが人々のこころを打ち、彼を人気者にするし、今の日本に必要なことと重なってくるのかと思われます。現代から未来に生きる人たちには、源内の実践と考え方から学ぶべきことが山ほどあるのはあたりまえかもしれません。

あとがき――本書の出版経緯と謝辞

地元では、平賀源内を今でも「先生」をつけて呼ぶ人も多いのですが、一方では「源内って名前だけしか知らない」という学生アンケート結果もありました。

本書のスタートは、筆者が香川大学のいわゆる「源内塾」（２００７年に開始された「21世紀源内ものづくり」塾）の講師になったころです。「源内塾」で講義をしながら、源内は日本人モデルとしてイノベーターに最も近いのではないかとの直観的な思いがありました。

そこで源内をもっと知るために関係の本を読んでみて意外なことが判明しました。それは彼の文系の仕事に比べて理系の仕事に関するものがほとんどない、ということでした。まして新しい事業をスタートさせるという、イノベーターの役割についての論評は皆無に近いのです。一部の学者の論評は「完全なダメ人間」と述べるなど、目を疑うくらいひどいものもありました。

そこで始まった作業は、平賀源内をイノベーターと仮定してみたときに、見えてくるものをピックアップして整理することでした。すなわち「GEN-NAI AS A INOVETOR」がスタート地点でした。２年以上にわたって源内の行跡、功績を追いかけて行くうちに、「GEN-NAI IS THE INOVATOR」を確信することになりました。その中身と理由は本書を読んでいただければわかっていただけると信じております。

本書は言視舎「イノベーションのための理科少年シリーズ」の第6巻として上梓されることになりました。このシリーズは現代の技術者・社会人に理科少年・少女時代の気持ちを忘れずに「わくわく」「どきどき」してほしい、という思いからスタートしたものです。奇しくも今の日本の状況は、まさに理科少年・少女のこころを持ったイノベーターを必要としています。今後も源内が活躍した時代の再評価がさらに進んでいくと共に日本のイノベーター（候補）の皆さまにとって、本書の「源内モデル」が何らかの参考になれば幸いです。

最後になりますが、これまで平賀源内に関する資料を後世のために書き残してくださった多くの著作関係者の皆さまに心より感謝申し上げます。その一部は巻末にリストとして挙げさせていただきました。一方では地元の平賀源内記念館、香川大学などの多くの源内関係者にも多数のヒントと情報を提供いただきました。最後になりましたが厚くお礼を申し上げます。

参考書籍リスト

▼源内の生涯を通してまとめた研究本
城福勇著『人物叢書　新装版　平賀源内』日本歴史学会編集　吉川弘文館、１９７１年8月10日
塚谷晃弘、益井邦夫著『平賀源内―その行動と思想―』日本人の行動と思想28　評論社、１９７９年2月10日
芳賀徹著『平賀源内』朝日選書３７９、朝日新聞社、１９８９年6月20日

▼源内の科学技術関係成果を主体としてまとめた本
奥村正二著『平賀源内を歩く―江戸の科学を訪ねて―』岩波書店、２００３年3月25日
土井康宏著『本草学者平賀源内』講談社、２００８年2月10日

▼源内の少年時代を描いた本
中井信彦著『大江戸アイデアマン　平賀源内の一生』さえら書房、１９７２年3月
木本正次著『少年平賀源内』東都書房、１９７２年11月10日

▼平賀源内全体の業績をまとめた本
『平賀源内全集　全二巻』平賀源内先生顕彰會　名著刊行会、１９７０年6月28日

『別冊太陽／平賀源内』 監修・田中優子 平凡社、1989年4月25日
『平賀源記念館（開館記念誌）』（財）平賀源内先生顕彰会、2010年3月31日
『平賀源内展』 監修・芳賀徹 東京新聞、2003年

▼その他平賀源内関係の参考図書（小説・評論などが多い）
桜田常久著『平賀源内』東邦出版社、1971年12月1日
瀬川昌男著『平賀源内』新装世界の伝記37、ぎょうせい、1981年9月10日
中島秀亀智著『平賀源内と中島利兵衛』さきたま出版社、1981年9月10日
山本昌代著『源内先生舟出祝』河出書房新社、1987年5月15日
糸川英夫著『しごとが面白くなる平賀源内』ダイアモンド社、1988年12月15日
松本零士著『明日から来た影 平賀源内』光輪社 佼成出版社、1989年4月26日
平野威馬雄著『平賀源内の生涯 甦る江戸のレオナルド・ダ・ヴィンチ』ちくま文庫、1989年8月29日
志茂田景樹著『奇想天才探偵・平賀源内〈日本マフィアを解体せよ〉』徳間書店、1991年7月31日
野村敏雄著『源内が惚れこんだ男 近世洋画の先駆者・小田野直武』プレジデント社、1994年1月29日
河野亮著『超発想の人・平賀源内』廣済堂、1995年2月15日
川原崎次郎著『凧あげの歴史 平賀源内と相良凧』羽衣出版、1996年11月7日
石ノ森章太郎著『平賀源内解体新書』双葉文庫、1998年9月25日

船戸安之著『平賀源内　物語と史蹟をたずねて』成美文庫、1999年10月20日
村上元三著『平賀源内上』学陽書房、2000年12月20日
村上元三著『平賀源内下』学陽書房、2000年12月20日
清水義範著『源内万華鏡』講談社文庫、2001年10月15日
赤松光夫著『江戸の大山師　天才発明家・平賀源内』光文社時代小説文庫、2001年12月20日
飯島耕一著『小説平賀源内』砂小屋書房、2002年4月21日
泉秀樹著『江戸の未来人列伝』祥伝社黄金文庫、2008年9月10日
藤井國夫著『奇才平賀源内　上巻』季山堂、2009年6月10日
藤井國夫著『奇才平賀源内　下巻』季山堂、2009年7月30日
ほか

［著者紹介］

出川　通（でがわ・とおる）

株式会社テクノ・インテグレーション代表取締役、工学博士。イノベーションのマネジメント手法（MOT）を用いた開発・事業化のコンサルティングや研修などを行なっている。顧客は製造系大企業、中堅企業から、世界的な製品を持つ中小企業、創業したばかりのベンチャー企業にわたる。

併任として早稲田大学・東北大学・島根大学・大分大学・香川大学の客員教授や多くの大学、高専での非常勤講師、複数のベンチャー企業の役員、技術者教育関係団体の理事などの役職に就任。

平賀源内とのかかわりは、香川大学で行なわれている「21世紀源内ものづくり塾」のなかで、イノベーター源内に着目してその軌跡を学生にも紹介中。

著書は「実践図解　パーフェクトMOT」（秀和システム、2011刊）、「理系人生 自己実現ロードマップ読本」（言視舎、2012刊）、「技術経営の考え方：ＭＯＴと開発ベンチャーの現場から」（光文社新書、2004刊）など多数。

連絡先　degawa@techno-ig.com

装丁……山田英春
ＤＴＰ制作、カバーイラスト……出川錬
編集協力……田中はるか

【イノベーションのための理科少年シリーズ⑥】

**平賀源内に学ぶ
イノベーターになる方法**

発行日◆2012年9月30日　初版第1刷

著者
出川通

発行者
杉山尚次

発行所
株式会社**言視舎**
東京都千代田区富士見2-2-2　〒102-0071
電話03-3234-5997　ＦＡＸ03-3234-5957
http://www.s-pn.jp/

印刷・製本
㈱厚徳社

ISBN978-4-905369-42-4　C0336

言視舎刊行の関連書

978-4-905369-19-6

[自由訳]平賀源内作

風流志道軒傳

風來山人(平賀源内) 著
イノベーター研究会編・訳
出川通解説

「日本版ガリバー旅行記」ともいわれ、浄瑠璃等などに翻案されて広く知られる江戸期のベストセラー本。庶民が旅することが困難だった時代に、日本全国だけでなく、巨人の国、小人の国、長脚国、愚医国、いかさま国などを巡る「トンデモ冒険ＳＦ」小説でもある。

四六半並製　定価 1500 円+税

イノベーションのための理科少年シリーズ①

理系人生 自己実現ロードマップ読本

改訂版「理科少年」が仕事を変える、会社を救う

出川通 著

「専門家」「技術者」というだけでは食べていけない時代…仕事と組織をイノベートするには「理科少年」の発想が最も有効。生きた発想とはどういったものなのか？理系エンジニアに限らず、どの分野でも使える知恵とロードマップ作成のノウハウ満載！

四六半並製　定価 1600 円+税

978-4-905369-07-3

イノベーションのための理科少年シリーズ④

「ザインエレクトロニクス」最強ベンチャー論

強い人材・組織をどのようにつくるか

飯塚哲哉／田辺孝二／出川通 著

最強ベンチャー企業「ザインエレクトロニクス」。そのＣＥＯが語る強い組織の〝秘密〟。仕事に対する心構え、人材育成法から、日本のビジネス環境論、日本の技術を再生させる方策まで、イノベーションを実現する叡智の数々。

四六半並製　定価 1400 円+税

I978-4-905369-41-7

自動車王フォードが語る

エジソン成功の法則

ヘンリー・フォードほか著
訳・監修　鈴木雄一

技術大国・日本の再生に、いまこそ必要なエジソン=フォードの発想。エジソンはただの発明王ではない。商品化をつねに意識し、実現する起業家・事業家の先駆者であり、師エジソンに学んだからこそフォードは自動車王になれた。イノベーションのヒントがあふれ出る。

四六判並製　定価 1400 円+税

978-4-905369-27-1

島根の逆襲

古代と未来、地方と世界をむすぶ発想法

出川 卓+出川 通著

島根は神話の里、パワースポットとして「隠れ里」の魅力にあふれています。古代から続く先端技術の蓄積も十分。長寿の「国」としての試みも。旅行ガイドとしてもオススメ。古代史謎解き観光情報多数。いま逆襲が始まっています。

四六判並製　定価 1500 円+税